늬들이

서울을
알아?

● **남산초록색**　서울시에서 지정한 서울 대표색 10선 중 하나로 울창한 남산의 푸름을 상징

늬들이 서울을 알아?

정홍택·김병윤 공저

넥스트

PROLOGUE

진짜 서울토박이가 말하는
서울,
이야기 시작에 앞서

정 넘치는 디지털 서울을 기대하며

한반도는 잔혹했던 일제 강점기를 거쳤다. 광복의 기쁨도 잠시 남북은 이념으로 갈라져 3년간 동족상잔의 피비린내를 겪어야 했다. 남한은 민주주의 기치를 내걸고 대한민국호를 출항했지만, 초라한 모습에 한동안 세계무대에선 천덕꾸러기일 수밖에 없었다. 하지만 대한민국은 지루했던 가난의 굴레를 벗어던지고 원조 받던 나라에서 원조하는 나라로 웅비했다. 우리가 이어온 수십 년간의 경제발전 노력과 민주화 투쟁은 세계사에 전무한 기록을 남겼다. 각 분야에서 세상을 호령하는 대한민국호는 이제 자타가 공인하는 선진국이 됐다. 이런 질곡과 영예의 역사 중심에는 언제나 수도 서울이 있었다. 인구 천만 명이 모여 사는 도시. 거대한 한강이 도도히 흐르는 도시. 대한민국 수도 서울. 서울은 그저 몇 마디로 설명할 수는 없다.

조선 시대 한양이라 불리던 서울은 태조 이성계가 수도로 삼은 이후 600년 넘게 한반도의 정치·경제·사회·문화의 심장부로 그 역할을 다하고 있다. '사람은 한양으로 보내고 말은 제주로 보내라'라는 말이 그냥 나오지 않았다. 수 백년간 팔도의 인재들은 풍운의 꿈을 안고 한양에 모여들었다. 이들은 각자의 자리에서 수도 서울과 국가의 역사를 써 내려갔다. 이런 서울에는 영광만 있지 않았다. 임진년에는 수도 궁궐이 불탔고 병자년에는 지금의 송파구에 있는 삼전도에서 임금이 적장 앞에서 머리를 조아려야 했다.

서울에는 민족의 혼도 깃들어 있다. 일제 강점기 때 민족대표들은 3.1운동의 기폭제가 된 독립선언서를 탑골공원에서 낭독했고 수많은 독립운동가는 서대문형무소에서 옥고를 치렀다.

이런 서울은 수 백년간 권력가들의 권력 쟁취를 위한 암투의 현장이기도 했다. 사대문 밖엔 추위에 떨거나 더위에 지친 백성의 삶도 고스란히 남아있다. 그래도 서울은 억울할 때 신문고라도 두드릴 수 있어 무지렁이 백성에겐 한 번쯤은 가보고 싶은 곳이었다.

서울에는 언제나 돈과 사람이 넘쳐났다. 이런 까닭에 팔도 궁상은 다 모여들었다. 골목골목 고개마다 사연이 넘쳐흐르는 것은 어쩌면 당연한 이치이다. 고갯길 이름마저 공으로 지어지지 않았다는 뜻이다.

이제 서울이 21세기형 디지털 도시로 탈바꿈하고 있다. 오래된 건물이 하나씩 부서지고 최신식 건물로 메워지고 있다. 길도 더 넓어지거나 새로 놓이고 있다. 편리를 위한 것이니 반길 일이다. 하지만 이제 서울살이에서 과거처럼 담너머 오가던 정을 기대하기는 어렵다. 어쩌면 이런 이유가 작가로 하여금 이 책을 쓰게 한 이유일지 모른다.

'서울토박이' 작가가 풀어 놓은 정 넘치던 '서울이야기'. 이 책은 풋풋하고 정감 어리던 과거의 서울이야기를 보따리 풀 듯 독자에게 내어놓는다. 미래는 거저 오지 않는다. 과거와 현재의 초석 위에 세워진 결실이기 때문이다. 작가가 말하는 그동안 그저 스쳐 지나던 건물, 식당, 고개 이야기 모두가 소중한 이유이다.

이 책을 읽으며 또다시 변모할 서울의 미래를 생각한다. '정 넘치는 디지털 서울'을 상상하는 것은 나만의 무리한 희망일까.

넥스트뉴스 발행인
이 성 기

PROLOGUE	발행사	8
CHAPTER 1 **첫번째 이야기**	**서울의 5대 명산**	**16**
	북한산	18
	도봉산	26
	수락산	28
	불암산	30
	관악산	34
	남산	36
CHAPTER 2 **두번째 이야기**	**서울의 4대문과 4소문**	**42**
	흥인지문 혜화문	44
	돈의문 소의문	46
	숭례문 광희문	48
	숙정문 창의문	53
CHAPTER 3 **세번째 이야기**	**서울의 음식**	**56**
	설렁탕	58
	서울깍두기	62
	추탕	64
	갈비	68
	신선로	70
	닭곰탕	72
	부침개	74
	칼국수	76
	냉면	78

CHAPTER 4 네번째 이야기	서울의 술	82
	막걸리	84
	삼해주	86
	소주(진로)	88

CHAPTER 5 다섯번째 이야기	서울의 식당	92
	청진동 해장국 – 청진옥 · 흥진옥	94
	한일관	96
	오륙도	98
	서울역그릴	100
	외교구락부	103
	호수그릴	104
	미장그릴	105
	취영루 · 중화루 · 태화관 · 아서원	106

CHAPTER 6 여섯번째 이야기	서울의 요정	110
	청운장	112
	오진암 / 선운각	113
	대원각	114
	비밀요정	116
	카페	117
	다방	119
	[음악 감상실. 대중문화의 선구자 세시봉]	122
	[극장식 비어홀]	124
	[나이트클럽. 카바레(댄스홀)]	126

CHAPTER 7 **일곱번째 이야기**	**서울의 극장**	**130**
	단성사	132
	[대중문화예술의 집합체, 신파극]	134
	스카라극장	135
	스카라계곡	136
CHAPTER 8 **여덟번째 이야기**	**서울의 시장**	**140**
	남대문시장	142
	동대문시장	144
	경동시장	146
	북청물장수	148
CHAPTER 9 **아홉번째 이야기**	**서울의 골목문화**	**152**
	골목의 풍속도	154
	서울의 고개	**158**
	구리개(銅峴)	160
	솔마루(松峴)	162
	진고개(泥峴)	164
	인현(仁峴)마루	167
	버티고개	168
	무악재	170
	망우리고개	172
	미아리고개	174
	아리랑고개	176
	장승배기	178
	남태령고개 / 서빙고고개	180

CHAPTER 10 **열번째 이야기**	**서울의 강** 한강	**184** 186

	서울의 정자
	    세검정
	    용양봉저정
	    석파정(石坡亭)
	    황학정
		192
		194
		196
		198
		200

	대군(大君)들의 정자
	    영복정 / 망원정
	    담담정
		202
		203
		205

CHAPTER 11
열한번째 이야기
	명동
	    명동과 조용필
	    은성
	    은성회관 / 송도
	    고려정
	    미성옥 / 동락일식집
	    시공관(명동예술극장) / KPK악단 / 부기우기 쇼
	    박단마쇼
	    명동의 풍속도
	    명동의 의상
	    명동의 걸인
	    백화점
		208
		210
		212
		214
		216
		217
		218
		219
		220
		221
		222
		224

EPILOGUE	저자의 말 저자의 말	228 230

1
CHAPTER

진짜 서울토박이가 말하는
서울,
그 첫번째 이야기

전세계 대도시에 이런 산들이 있는가?
서울의 5대 명산

북한산·도봉산·수락산·불암산·관악산. 서울을 둘러싼 5대 명산이다. 서울시민에게 아주 친근한 이름이다. 서울에는 또 다른 많은 산이 있다. 남산,청계산 등 크고 작은 산이 많다. 이런 산들이 있었기에 오늘의 서울이 탄생했다.

이성계가 왜 한양으로 천도했을까. 수려한 산이 있었기 때문이다. 이성계는 풍수지리를 매우 중요하게 여겼다. 서울의 산은 산 자체로 머물지 않았다. 역사의 중심으로 자리 잡았다. 하지만 아쉬움이 있다. 우리는 서울의 산에 대한 가치를 제대로 못 느끼고 있다.

외국인은 서울의 산에 감탄한다. 정말 아름답다고 찬사를 보낸다. 끝없이 이어지는 산맥은 예술이다. 정상에서 바라보는 서울은 파노라마 같다. 인위적으로 꾸밀 수 없는 풍경이다.

경치만 좋은 것이 아니다. 편리한 접근성이 있다. 언제고 마음만 먹으면 갈 수 있다. 버스나 전철만 타면 된다. 1시간 안에 모든 산을 갈 수 있다. 외국인은 이해를 못 한다. 대중교통을 타고 산을 가다니. 어떻게 이럴 수 있냐고.

외국인들은 서울의 산을 정말 부러워한다. 서울은 세계 어느 대도시보다 특이하다. 서울의 인구는 천만 명에 달한다. 인구 천만 명 도시에 산과 강으로 둘러싸인 곳은 서울이 유일하다. 그래서 생긴 말이 있다. 서울은 축복받은 도시라고.

서울의 5대 명산은 각각의 사연이 있다. 그 사연 속에는 역사의 흔적이 남아있다. 백성의 삶도 녹아있다.

서울이 기대는 큰 대들보
북한산

북한산은 곧 서울이다. 서울의 상징이자 얼굴이다. 태조 이성계는 조선을 건국했다. 수도를 개경에서 한양으로 옮겼다. 1394년 한양 천도였다. 이성계는 북한산의 장엄함에 매료돼 천도를 결정했다.

북한산에는 3개의 큰 봉우리가 있다. 백운대·인수봉·만경대다. 북한산은 삼각산이라 불리기도 한다. 세 봉우리가 북한산의 상징이기 때문이다. 북한산과 삼각산의 명칭에 대한 이견은 아직도 진행 중이다.

이성계가 사랑한 [백운대]

이성계는 천도 전에 백운대에 올랐다. 백운대는 완전 바위덩어리이다. 의문이 든다. 어찌 올라갔을까. 귀하신 임금의 몸으로. 의문은 접자. 역사는 그리 기록하고 있다. 이성계가 백운대에 올랐을 때 하얀 구름이 깔렸다. 이 모습을 상서로운 징조로 받아들였다. 이성계는 무릎을 탁 쳤다. 감탄사와 함께 시 한 수를 읊었다. "발아래 백운이 깔려 있으니 이 아니 좋을 소이냐." 이성계는 한껏 들떠있었다. 머리 좋은 신하들이 거들었다. "전하! 이 봉우리를 백운대라 지으심이". 이성계는 거절할 이유가 없었다. 백운대의 흰 구름이 한양천도의 일등공신이 됐다.

백운대의 가슴은 넉넉하다. 삶에 찌든 사람에게 모든 것을 내준다. 모든 산이 그러하듯이. 백운대는 서울에서 제일 높은 봉우리다. 높은 만큼 오르기도 힘들다. 숨이 목에 차야 오를 수 있다. 땀이 비 오듯 흘러야 정상에 설 수 있다. 인간에게 삶의 길을 알려주는 듯하다. 인생은 끊임없이 노력해야 하는 거라고.

백운대 전경 / 사진제공:김기환

성스러운 백운대도 아픔이 있다. 잔혹한 일제의 악행에 상처를 입었다. 정수리에 쇠말뚝이 박혔다. 한민족의 정기를 끊으려고 했다. 얼마나 아팠을까. 얼마나 분통했을까. 얼마나 치욕감을 느꼈을까. 생각만 해도 가슴이 멍해진다.

슬기로운 후손들이 힘을 모았다. 뜻있는 산악인들이 쇠말뚝 뽑기에 나섰다. 쇠말뚝이 뽑히는 순간 모두 숨을 죽였다. 백운대의 거센 바람마저 멈춰 섰다. 1m나 되는 쇠말뚝이 죄스러운 듯 모습을 드러냈다. 조선 600년의 지는 모습을 보는 듯 했다. 탄식의 소리가 귓가를 때렸다. 나쁜 놈들. 어떻게 이런 짓을. 목 놓아 우는 사람도 있었다. 조상님께 죄송하다고. 일제는 백운대 외에도 전국 여러 곳에 쇠말뚝을 박아 놓았다.

역사는 돌고 도는 것이다. 칼로 흥한 자 칼로 망하게 돼 있다. 반성하지 않는 나라에게 미래는 없다. 백운대에 흐르는 물방울은 아픔이 있을 게다. 그때의 울분을 토해내는 통한의 눈물일 것이다. 백운대는 이런 아픔을 조금도 내보이지 않는다. 나는 괜찮으니 어서 오라고 미소 짓는다. 내 정수리에 올라와 마음껏 소리치라고 여유를 보인다.

백운대 정상에 올라서 보라. 서울이 넓은가. 아닐 것이다. 한 눈에 들어온다. 북녘을 보고 싶은가. 고개를 돌려 보라. 경기도 고양시가 발아래 있다. 서울과 경기도의 경계가 없다. 흰 구름이 깔릴 때를 상상해 보라. 모두가 태조 이성계일 것이다. 건국의 큰 뜻을 품을 수 있을게다. 정상에 휘날리는 태극기를 보며.

북한산의 상징 인수봉 / 사진제공:김기환

모든 산악인의 고향 [인수봉]

인수봉은 천혜의 산악훈련지다. 암벽등반의 성지다. 모든 바위가 화강암으로 이루어졌다. 아시아에서 으뜸이다. 일본 산악인들이 가장 부러워한다. 일본인이 많이 온다. 새벽 암벽등반을 하는 묘미에 빠져서다. 일본 산악인의 바람이 있다. 인수봉을 도쿄로 옮기는 것이다. 얼마나 부러우면 그럴까. 인수봉의 절대가치를 말해 준다.

인수봉에 오를 때는 겸손해야 한다. 모든 자만심을 내려놓아야 한다. 인수봉의 바람은 매우 거세고 변덕스럽다. 자칫하면 목숨을 잃는다. 산악인은 말한다. 서울과 경기도의 바람은 모두 인수봉을 통과한다고. 이 때문에 사고가 많다. 눈비가 몰아치는 것보다 더 무섭다.

인수봉 백운대와 함께 한 산악인이 있다. 고(故) 이영구 씨다. 백운산장 주인이다. 북한산이 좋아 산사람이 됐다. 수많은 산악인의 말벗이 되고 길잡이가 돼 주었다. 영구. 이름이 친근했다. 이름처럼 90살까지 살겠다고 했다. 아깝게 몇 년 전 세상을 떠났다. 88살에 북한산과 이별했다. 산악인들의 배웅을 받으며 더 높은 곳으로 올라갔다. 90살을 채웠으면 하는 아쉬움이 진하게 묻어난다. 백운산장의 전화번호도 904-0909이다. 90살에 대한 꿈이 있었나 보다. 백운산장의 전화번호는 산악인들의 도움으로 받아냈다. 백운산장은 2019년 12월 역사 속으로 사라졌다. 95년의 애환을 북한산에 묻고 떠났다. 영원한 산악인 이영구 씨의 발자취와 함께.

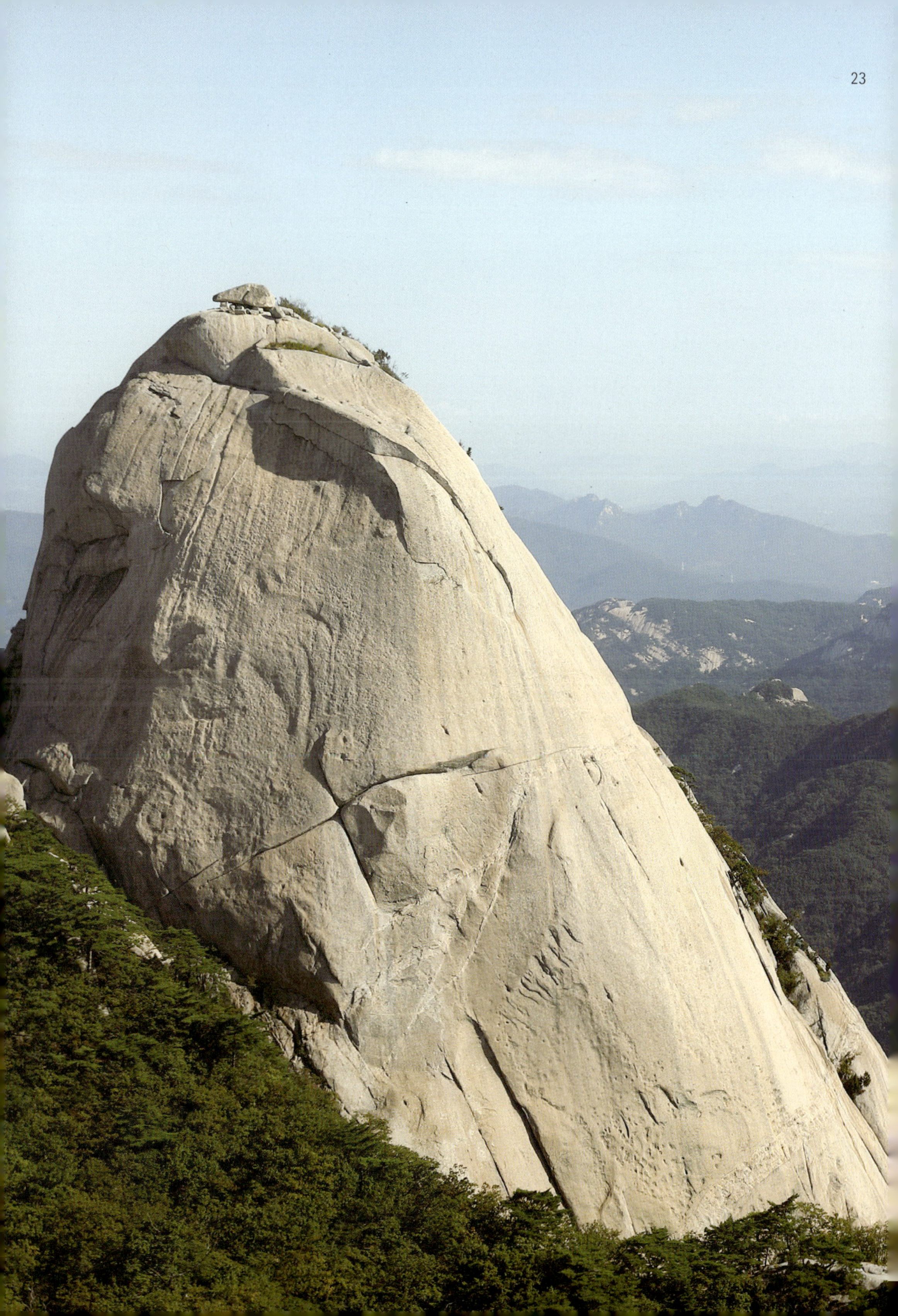

5대 명산에 둘러싸인 서울

만경대와 그 아래 자리잡은 도선사의 전경
/ 사진제공:도선사

조용히 기다리는 모습 [만경대]

만경대는 릿지(ridge) 등반의 명소다. 부담 없이 등반할 수 있다. 산행코스가 쉬워 보이지만 작은 사고가 많이 일어난다. 산을 가볍게 보는 자만심 때문이다. 산 앞에서는 어느 누구도 위대할 수 없다. 언제나 겸손해야 한다.

만경대는 1597년(선조 30년) 우레와 같은 소리로 울었다는 전설이 있다. 임진왜란으로 산하가 짓밟힐 때였다. 비통함 때문에 울었을까. 그럴 수도 있다. 이런 호국의 정신 때문일까. 만경대 밑에는 큰 사찰이 있다. 호국의 정신을 담고 있다. 도선사이다. 신라 말기인 862년에 승려 도선이 창건했다.

도선사는 고(故)육영수 여사가 중흥의 발판을 마련했다. 육영수 여사는 독실한 불교신자였다. 신앙심이 돈독했다. 거의 매일 도선사에 기도하러 다녔다. 도선사로 가는 길이 험난했다. 울퉁불퉁. 구불구불. 다니기가 힘들었다. 육 여사의 부탁으로 길이 놓였다. 신도도 많이 늘었다. 점심을 무료로 배급했다.

허기진 산악인의 배를 채워 줬다. 공양간이 분주해졌다. 도선사의 공양간은 규모가 매우 크다. 2,000여 명의 스님과 신도가 식사를 해결할 수 있다. 만경대와 도선사. 공통점이 있다. 호국의 정신이다. 국가와 중생이 잘 되기만을 기원하고 있다.

수많은 돌 봉우리들
도봉산

도봉산은 북한산과 같이 인식되고 있다. 북한도봉산이라 불리기도 한다. 북한산과 나란히 솟아 있다. 서울 도봉구와 경기도 양주에 걸쳐있다. 산 전체가 큰 바위로 이루어졌다.

봉우리가 많다. 모습도 다양하다. 굴곡을 이루고 있다. 바위가 딱딱한 느낌을 주지 않는다. 엄마의 포근한 가슴 같다. 이름도 다양하다. 자운봉·선인봉·만장봉·오봉·피바위·칼바위·해골바위·기차바위 등. 언어의 마술사가 지어낸 듯하다.

봉우리만 아름다운 것이 아니다. 도봉산의 계곡은 예술이다. 주변 경관이 매우 뛰어나다. 계곡물은 유리 같이 맑다. 물소리는 세상 시름을 잊게 한다. 절경이다.

도봉산의 돌봉우리

웅장하지는 않다. 조화롭다. 한 폭의 산수화 같다. 조선시대 선비들이 휴양을 즐겼다고 한다. 선비들이 빠질 만하다.

사연도 많다. 도봉산 석굴암이 있다. 신라시대에 의상대사가 창건했다. 일제강점기에 김구 선생이 일본군 중위를 죽이고 피신한 곳이다. 도봉서원도 있다. 조광조의 위패를 봉안하고 있다. 조광조는 조선시대의 개혁파이다. 도봉계곡은 독립과 개혁의 혼이 서려있다.

도봉산에는 많은 사찰이 있다. 60여 개에 이른다. 각 종파의 사찰들이 자리했다. 왜 이리 몰려 있을까. 이유는 모르겠다. 추측을 해본다. 산세가 좋아서 아닐까.

물 없는 산
수락산

수락산은 물이 떨어진다는 뜻을 담고 있다. 서울의 상계동과 경기도 남양주시 의정부시와 경계를 이룬다. 서쪽으로는 도봉산. 남쪽으로는 불암산과 마주한다. 예전에는 도봉산과 붙어 있었다. 의정부로 다니는 길을 만들기 위해 단절됐다.

수락산은 물이 귀하다. 등산갈 때 꼭 물을 갖고 가야 한다. 수락산은 암벽이 많다. 산세는 험하지 않다. 도심의 산악인이 많이 찾는다. 주말이면 형형색색의 등산복이 수를 놓는다. 꼭대기에 영험한 바위가 있다. 아들바위다. 이 바위를 만지면 아들을 낳는다는 속설이 있다. 아들을 원하는 사람들이 어지간히 만져댔다. 이제는 아들바위의 인기가 떨어질 듯하다. 아들보다 딸이 귀한 시대가 왔다. 아들바위의 시련도 막을 내릴 것 같다.

수락산에는 밤나무가 많다. 입구에서부터 밤나무가 반겨준다. 밤꽃은 6월초부터 핀다. 수락산의 6월은 비릿한 밤꽃 냄새가 진동한다. 정액 냄새가 난다. 옛날에는 이런 일도 있었다. 밤꽃이 피는 6월에는 아녀자들이 외출을 삼가 했다. 독수공방 긴긴밤에 다른 생각을 할까 두려웠나보다. 밤꽃에는 남성의 정액성분이 들어 있다. 스퍼미딘 성분이다. 사람들은 밤꽃 냄새에 코를 막는다. 역겹다고. 결코 그럴 일이 아니다. 밤나무는 충매화다. 곤충을 이용해 수정을 한다. 꿀벌이 큰 역할을 한다. 밤꽃 냄새는 벌을 불러들이기 위한 유혹의 향기이다. 밤꽃 냄새에는 처절한 생존의 몸부림이 숨어 있다. 되짚어 생각해 보자. 밤꽃의 생존력에 고개가 숙여질 것이다. 자연의 오묘한 법칙을 느끼고 싶은가. 떠나라. 6월의 수락산으로.

국가대표 운동선수들의 애환
불암산

불암산은 이름부터 남다르다. 부처님이 떠오른다. 산 정상의 바위가 부처님을 닮았다고 한다. 불암산은 거대한 암벽과 절벽이 울창한 수목과 조화를 이루고 있다. 조선시대에는 기병들이 훈련했다. 산세가 훈련하기에 적합하다. 육군사관학교가 불암산 자락에 있다. 호국의 간성을 키우고 있다. 불암산의 운명인가 보다. 예로부터 국방의 의무를 지고 있는 듯하다.

불암산은 국가대표팀에게 훈련장소로도 큰 몫을 했다. 산 밑에는 태릉선수촌이 있다. 지금은 동계 종목 일부만 훈련한다. 대부분 새로 건설된 진천선수촌에서 훈련하고 있다.

태릉선수촌은 국가대표선수들의 요람이었다. 대표선수에게는 통과의례가 있었다. 일주일에 한 번씩 불암산을 올라야 했다. 매주 토요일 오후였다. 외박이라는 달콤한 휴가를 얻으려면 꼭 거쳐야 했다. 정해진 시간 안에 통과해야 했다. 최대한 빨리 올라가야 한했다. 지옥의 코스다. 정상에 오르고 나면 모두가 드러누웠다. 모든 체력이 바닥났다. 탈진상태에

불암산

빠졌다. 정신도 혼미해졌다. 대표선수들은 불암산 산악훈련을 제일 두려워했다. 이런 과정을 거쳐 대한민국이 체육 강국으로 자리 잡았다.

명성황후의 흔적도 남아있다. 임오군란 때 여주로 피신하며 하루를 묵었다. 650년 된 은행나무에 치성을 드리면서.

조선의 마지막 임금 순종의 장례행렬도 묵묵히 지켜봤다. 한 나라가 멸망하는 모습은 어땠을까. 불암산은 알면서도 입을 닫는다. 염화시중(拈華示衆)의 미소로 답해 준다. 역사는 그렇게 흘러가는 거라고.

불암산을 향하는 순종의 장례행렬
/ 한국 영상자료원 소장자료

신기한 바위들
관악산

관악산은 서울의 관문이다. 비행기에서 내려다 보라. 서울에 들어올 때 무엇이 보이는가. 가장 먼저 보이는 것이 관악산이다. 관악산은 외롭다. 다른 4대 명산과 떨어져 있다. 산맥이 이어지지 않는다. 외로운 만큼 기가 세다.

풍수지리학적으로 보자. 관악산은 화(火)산이다. 불기운을 품고 있다. 관악의 불기운이 경복궁을 덮칠 기세이다. 경복궁은 조선 최초의 궁궐이다. 이성계는 관악산의 화기를 누르기 위해 고심했다. 경복궁 앞에 해태 상을 세웠다. 숭례문 앞에 연못을 만들

관악산 전경

었다. 현판도 세로로 달았다. 경복궁은 여러 번의 큰 화재로 피해를 입었다. 풍수지리도 무시할 수 없을 듯하다.

관악산은 기암괴석과 바위가 많다. 능선마다 큰 바위가 있다. 큰 바위 봉우리는 매끄럽게 연결되어 있다. 산세가 험하고 웅장하다. 골짜기 마다 아름다운 풍광을 자랑한다. 관악산의 계곡은 예로부터 금강산과 비교되었다. 관악산은 삼국시대부터 군사적 요충지로 쟁탈전이 벌어졌다. 지금은 현대인의 생활에 도움을 주고 있다. 산 정상에 기상청의 기상 레이더가 있다. 민생의 수호지로 변모했다.

5대 명산과 다른, 그러나 우리 국가에 나오는 서울의 지킴이
남산

남산은 서울의 중심에 있다. 또 다른 이름이 있다. 목멱산이다. 5대 명산과는 다른 의미를 갖고 있다. 남산에서는 서울의 동서남북을 다 볼 수 있다. 파노라마가 펼쳐진다.

남산은 서울의 구성에 중요한 역할을 했다. 남산을 중심으로 남촌이 형성됐다. 서민의 생활터전이 됐다. 북쪽에는 양반이 살았다. 북촌이다. 남산은 예로부터 중요한 통신시설이 있었다. 군사적으로 중요한 구실을 했다. 봉수대다. 남산의 봉수대는 국가

남산과 N타워

의 위급상황을 빠르게 알려줬다. 봉수대의 불꽃은 인천, 개성에서도 보였다. 남산은 지금도 최고의 통신기지로 활용되고 있다. 방송탑이 정상에 우뚝 서있다. 일급 보안 시설들이 들어서 있다. 모든 전파는 남산에서 송출된다. 회전전망대도 만들어져 있다. 관광자원으로 활용되고 있다. 남산의 중요성은 예나 지금이나 변함이 없다.

일제의 만행은 남산에서도 벌어졌다. 남산 중턱에 신사를 세웠다. 어린 학생들에게 신사견학을 의무화 했다. 계단도 없는 산길을 힘들게 올랐다. 민족의식 있는 어른들이 말렸다. 신사에 가지 말라고. 그때의 아픈 기억이 지금도 생생하다. 일본의 신사는 광복 후 철거됐다.

남산 케이블카

남산에는 소나무가 많았다. 애국가에도 나온다. 일제는 소나무를 베어냈다. 우리의 정신을 빼앗기 위해. 아카시아 등 잡목을 심었다. 남산의 경관이 많이 훼손됐다. 아무리 생각해도 화가 난다. 일제의 악행은 접어두고 생각해보자. 상식적으로 이해가 안 된다. 남산은 이제 제 모습을 찾아가고 있다. 관계당국이 노력하고 있다. 고마운 일이다.

남산에는 케이블카가 있다. 건설할 때 반대가 심했다. 경관을 헤친다고. 지금은 많은 사람에게 즐거움을 주고 있다. 관광적인 면에서 중요한 역할을 하고 있다. 서울구경 온 지방 사람, 해외관광객. 이용자도 다양하다. 케이블카에서 내려다보는 서울의 전경. 정말 아름답고 매우 흥미롭다. 반대 속에 건설된 케이블카가 이제는 남산의 명물이 됐다. 프랑스 파리의 에펠탑과 비슷하다. 남산은 온갖 역경과 시련을 견뎌냈다. 그런 아픔을 딛고 우리 곁에 자리 잡았다. 서울의 한 가운데 우뚝 서있다. 우아한 자태를 뽐내고 있다. 서울의 희로애락을 함께 하겠다며 웃고 있다.

목멱산 봉수대 터.
1993년 김정호의 <청구도> 등의 관련 자료를 참고해서
남산의 다섯 개 봉수대 중 하나를 복원했다.

2
CHAPTER

진짜 서울토박이가 말하는
서울,

그 두번째 이야기

서울의
4대문과 4소문

서울에는 4대문이 있다. 흥인지문(興仁之門·동대문), 돈의문(敦義門·서대문), 숭례문(崇禮門·남대문), 숙정문(肅靖門·북문)이다. 동서남북 주요 지역에 자리 잡았다. 4대문은 풍수지리설을 바탕으로 건축됐다.

유교의 핵심적 가르침인 오상(五常)을 따랐다. 오상이란 인(仁) 의(義) 예(禮) 지(智) 신(信)을 일컫는다. 4대문의 명칭 가운데에는 오상이 들어간다. 조선시대의 유교사상을 엿볼 수 있다.

4대문에 딸린 4소문도 있다. 4대문의 자문(子門)이다. 4대문의 보조 역할을 했다. 혜화문·소의문·광희문·창의문이다. 4소문은 문들이 작다.

서울의 생활은 4대문을 통해 이루어 졌다. 대문의 주문(主門)은 숭례문이다. 4대문에도 굴곡이 많다. 화마에 휩쓸리기도 했다. 없어지기도 했다. 안타까운 일이다.

중국의 침략을 견뎌낸
흥인지문(興仁之門·동대문) 혜화문(惠化門)

흥인지문은 보물 1호다. 원래는 흥인문이다. 1397년에 건립됐다. 서울 도성 정동 쪽에 세웠다. 흥인 뒤에 지(之)자를 넣었다. 동쪽에서 오는 나쁜 액을 막기 위해서다. 풍수지리설에 따른 것이다.

4대문 중 흥인지문만 4글자다. 일반적으로 동대문이라 부른다. 우리에겐 치욕의 명칭이다. 일본에게 당한 아픈 사연이 숨어있다. 임진왜란 때 우리는 당했다. 왜군에게 산하가 짓밟혔다. 왜군은 한양을 점령했다. 흥인지문을 통해 들어왔다. 왜군들은 한양점령을 기념하고 싶었다. 흥인지문의 명칭을 바꿨다. 흥인지문을 격하시켰다. 동대문이라고. 동쪽 문으로 들어와서 그랬나 보다. 우리의 정신을 말살하려 했다. 수백 년 전 일이다. 무섭고 소름이 끼친다. 아직도 우리는 동대문이라 부른다. 아무런 뜻도 모른 채.

일본의 치밀함을 엿볼 수 있다. 무의식 속에 일제의 잔재가 활보하고 있다. 우리는 그런 면에서 정말 부족하다. 미흡하다. 일본의 치밀함을 타산지석으로 삼아야 한다.

역사 찾기 운동으로 흥인지문이 돌아왔다. 아쉬움이 남는다. 대부분이 아직도 모른다. 동대문으로 부른다. 할 일이 있다. 어려운 일이 아닐 것이다. 지하철 역 이름이 동대문역이다. 안내방송이 나올 때마다 가슴이 미어진다. 듣기가 싫다. 하지만 이해는 된다. 아픈 사연을 몰라서 그랬을 거다. 이제라도 바꾸자. 흥인지문 역이라고.
옛날에는 동쪽에 산소가 많았다. 미아리 공동묘지가 있었다. 흥인지문을 통해서만

흥인지문

갈 수 있었다. 일반 백성이 주로 이용했다. 양반도 다녀야만 했다. 산소에 가기 위해. 자연히 사람의 왕래가 많았다. 백성은 양반을 피해 다녔다. 거드럭거리는 모습이 보기 싫어서. 예나 지금이나 권세 있는 자들이 눈에 거슬리는 것은 똑같다.

흥인지문의 자문은 혜화문이다. 혜화문은 동소문(東小門)이라고도 한다. 동대문과 북문 사이에 세워졌다. 미아리 방면 북쪽 사람들이 좋아했다. 도성으로 들어오는 길이 짧아져서. 양반을 안 봐도 되는 편안함은 덤이었다. 혜화문은 북악산성의 시작이다. 6.25때 불에 탔다. 지금은 옛 모습을 볼 수 있다. 1992년에 복원했다.

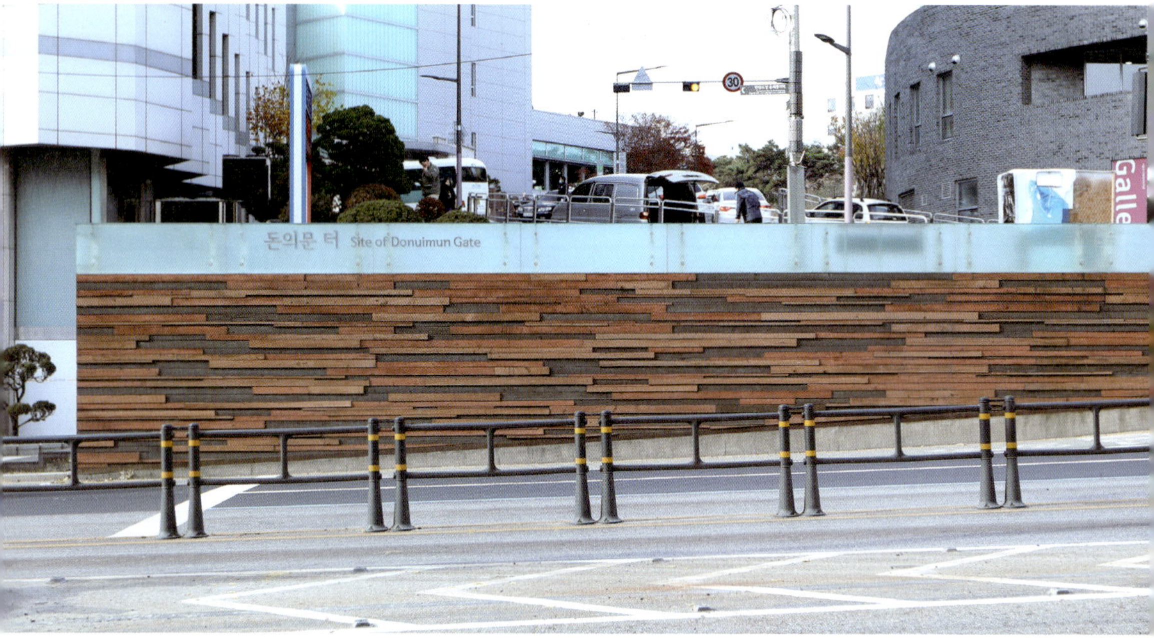

돈의문 박물관 마을

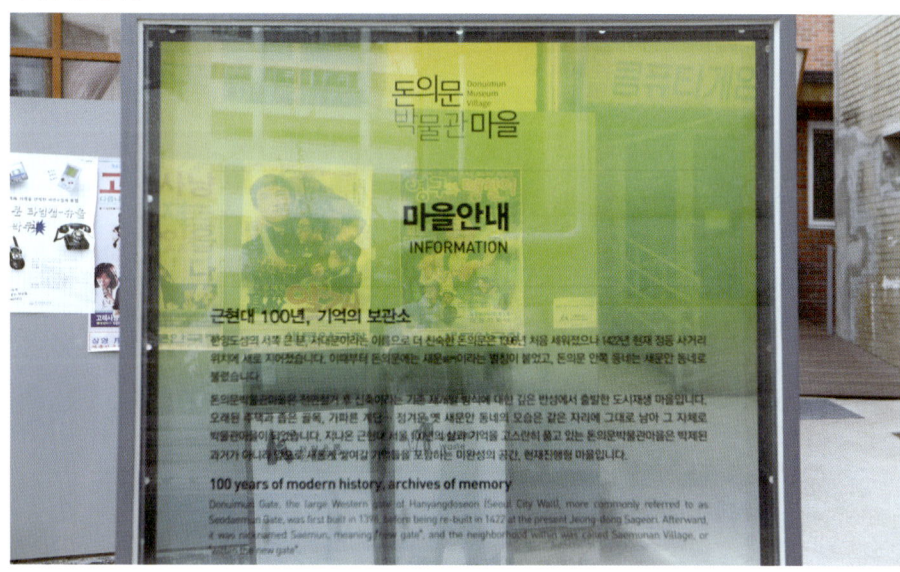

돈화문은 소실되어 터만 남아있다.

유일하게 소실되어 아쉬운
돈의문(敦義門·서대문) 소의문(昭義門)

돈의문은 지금 볼 수 없다. 4대문 중 유일하게 없어졌다. 일제에 의해 사라졌다. 일제는 도로확장을 한다며 돈의문을 철거했다. 지금은 흔적조차 찾을 수 없다. 일제는 우리의 문화유산마저도 짓밟았다. 안타까운 일이다.

돈의문은 상인이 주로 이용했다. 마포 용산에서 오는 상인이 주를 이뤘다. 그 지역 상인은 가까운 숭례문을 피해 다녔다. 숭례문은 양반이 많이 다녔다. 위세를 떨쳐가며. 숭례문은 검문이 심했다. 양반의 신변을 보호하기 위해. 상인은 이런 모습이 보기 싫었다. 한국 사람은 통제 받는걸 싫어한다. 저항정신이 강하다. 권력의 통제에 강하게 맞선다. 돈의문은 흥인지문과 함께 서민의 통로역할을 했다.

소의문은 돈의문의 자문이다. 숭례문과 돈의문 사이에 세워졌다. 서소문(西小門)이라고도 한다. 소의문도 평민이 많이 이용했다. 숭례문에 가기 싫은 사람이었다. 양반의 눈치를 보지 않아도 됐다. 소의문은 시신 운반 통로 구실도 했다. 광희문과 함께. 소의문도 지금은 볼 수 없다. 사진으로만 볼 수 있다. 돈의문과 함께 사라졌다. 일제가 헐어 버렸다. 그 부근의 성곽도 없앴다. 서울을 지켜줬던 서쪽 문이 모두 없어졌다. 흘러간 역사 속에 묻혀 버렸다. 빛바랜 사진이 그때의 아픔을 느끼게 한다. 지금이라도 복원 했으면 하는 바람이다.

서울 뿐만 아니라 우리나라의 큰 대문
숭례문(崇禮門·남대문) 광희문(光熙門)

숭례문은 국보 1호다. 1962년에 지정했다. 남대문이 더 친근하다. 1395년에 짓기 시작해 1398년에 완성됐다. 현판이 특이하다. 세로로 걸려있다. 관악산의 화기를 막으려 세로로 걸었다.

숭례문 앞에 연못도 만들었다. 지금은 없어졌다. 모두가 경복궁의 화재를 막기 위한 방책이었다. 풍수지리설에 따른 것이다. 숭례문은 교통의 중심지 역할을 했다. 남쪽으로 가는 통로였다. 전국으로 가는 관문이었다.

문이 크다. 말 탄 사람이 주로 다녔다. 양반이 많이 사용했다. 평민은 숭례문 통과를 꺼렸다. 검문이 심했다. 양반의 그림자도 보기 싫었다. 옆 쪽문으로 왕래했다. 숭례문은 조선의 최대 관문이었다. 숭례문은 외로웠다. 자동차들이 에워싸고 돌았다.

풍수지리 학자들이 말했다. 남대문이 외롭게 놓여있어 안 좋다고. 박정희 대통령 시절에 변화를 줬다. 남산 쪽으로 성곽을 쌓았다. 자동차 통행을 금지시켰다. 숭례문이 숨 쉴 통로를 만들었다.

남대문

숭례문은 큰불로 시련을 겪었다. 2008년 2월10일. 방화범에 의해 숭례문이 불탔다. 1, 2층 누각이 불길에 휩싸였다. 대한민국의 자존심이 무너졌다. 대한민국의 얼굴이 없어졌다. TV를 보며 할 말을 잃었다. 화면에 비치는 불길을 차마 보지 못했다. 너무도 안타까워서. 너무도 분해서. 국민은 수치심에 고개를 떨궜다. 역사의 죄인이 된 심정으로 통곡했다. 한동안 사회분위기가 어두웠다. 숭례문은 우리에게 그처럼 귀한 존재다. 정신적 지주다. 마음의 고향이다. 숭례문은 국민의 성원 아래 옛 모습을 되찾았다. 대대적으로 수리를 했다. 해방 이후 가장 큰 규모의 수리였다. 복구는 했지만 아쉬움이 남는다. 한 번 깨어진 유리병은 붙지 않는다. 붙는다 해도 옛 모습은 아니다. 숭례문의 빛바랜 기둥이 그리워진다. 세월을 머금은 기왓장이 보고 싶다. 성곽의 검은 돌이 눈에 아른거린다.

광희문은 숭례문의 자문이다. 고통의 역사를 갖고 있다. 임진왜란, 6.25때 파괴됐다. 병자호란 때는 임금이 광희문을 통해 피신했다. 시구문(屍軀門)이라고도 했다. 시신이 나간다는 뜻이다. 도성의 시신은 광희문을 통해 나갔다. 동쪽으로 나가는 장례행렬이었다. 서쪽 장례행렬은 서소문을 통과했다.

광희문 주변에는 옛날부터 상권이 발달했다. 특히 식당이 번창했다. 장례행렬 때문이다. 장례행렬이 지나가면 사람이 모였다. 가는 사람을 보며 애틋함을 느꼈다. 나도 언젠가는 가야할 길인데. 울적한 마음으로 서로를 위로했다. 자연히 술이 따랐다. 안주도 풍부했다. 마장동 도축장이 가까워 싱싱한 고기가 나왔다. 뚝섬 채소밭이 바로 옆 동네다. 파릇파릇한 채소도 많았다. 푸짐한 고기와 채소가 술 맛을 거들었다. 광희문 부근은 언제나 시끄러웠다. 술 취한 사람의 웃음소리가 널리 퍼졌다. 삶에 찌든 여인네의 눈물도 땅을 적셨다. 광희문의 하루는 그렇게 저물어 갔다. 백성의 모든 애환을 가슴에 담은 채.

1963년경 남대문 전경
/ 서울사진아카이브 제공

창의문 전경

숱한 고통 속에서 묵묵히 버텨낸
숙정문(肅靖門) 창의문(彰義門·자하문)

숙정문은 서울의 북문이다. 4대문 가운데 유일하게 오상이 안 들어갔다. 원래는 가운데에 '지'(智) 자가 들어가야 했다. 풍수지리설에 의해 지자가 빠졌다. 북쪽과 지자의 궁합이 안 맞았나 보다. 숙정문으로 지어졌다. 그렇다고 숙지문이 숙정문으로 바뀐 것은 아니다.

숙정문은 사람의 출입이 거의 없었다. 산위에 세워져서다. 북악산에 자리 잡았다. 산세가 매우 험난했다. 또 다른 이유가 있다. 숙정문을 열어놓으면 장안의 여인들이 바람이 난다고 했다. 문을 만들고 100일만 열어 놨다. 폐쇄된 채 자리를 지켰다. 대문의 구실을 제대로 못 했다. 숙정문 대신 다른 문을 세워야 했다. 백성의 편의를 위해서다. 창의문을 세웠다. 숙정문의 소문이다. 창의문은 4소문 가운데 가장 많이 사용됐다. 창의문은 또 다른 이름이 있다. 자하문(紫霞門)이다. 창의문보다는 자하문이 더 알려져 있다.

자하문에 대한 유래가 있다. 조선 후기 임금이 지었다고 전해진다. 임금이 북악산에서 내려올 때 자색구름이 깔렸다고 한다. 감탄사를 내뱉었다. 어찌 이리 아름답단 말인가. 자색구름 멀리 창의문이 눈에 들어왔다. "자색구름 멀리 문이 있으니 자하문이 어떠한가." 창의문이 자하문으로 바뀌는 순간이었다. 정설은 아니다. 그럴 듯하다.

한국의 구름을 자세히 보라. 자색 파스텔 색깔이 난다. 하늘을 보니 그런 것 같기도 하다. 창의문은 실질적으로 북문 역할을 했다. 4소문 중 유일하게 옛 모습을 간직하고 있다. 역사의 흔적을 그대로 느낄 수 있다. 다행이다.

3
CHAPTER

진짜 서울토박이가 말하는
서울,

그 세번째 이야기

넉넉한 인심
서울의 음식

서울의 음식이 곧 한국의 음식이다. 서울 음식은 정갈하다. 궁중음식 맛을 느낄 수 있다. 양반집 음식이 남아있다. 담백하고 맛깔스럽다. 맵지 않고 짜지 않다. 싱겁지도 않다. 고유의 식단을 갖고 있다. 국 문화도 발달했다. 누구나 부담 없이 먹을 수 있다. 다양하다. 각 지방의 맛이 혼재한다. 전국의 음식이 모여든다. 음식백화점 같다. 서울은 음식의 중심지이다. 다양함 속에 고유함이 있다. 이런 특이함이 서울의 음식이다.

임금과 백성이 함께 즐기는
설렁탕

설렁탕은 서울의 대표음식이다. 명칭에 논란이 따른다. 설농탕 등 여러 이름이 있다. 정답은 설렁탕이다. 명칭에 뜻이 있다. 설렁설렁 끓여서 설렁탕이다.

서민의 음식이다. 임금도 먹었다. 조선은 농경사회였다. 농경사회의 중심은 쌀이다. 임금도 쌀농사에 신경을 썼다. 선농단에서 제사를 지냈다. 선농단은 제기동과 성북동에 남아있다. 임금이 농사를 독려하기 위해 경작지도 방문했다. 현장에서 끼니를 해결했다. 농민과 같은 음식을 먹었다. 설렁탕이었다. 설렁탕은 임금과 백성의 벽을 허물어 줬다. 임금이 먹으니 양반도 먹었다. 국민음식이 됐다.

설렁탕은 소의 여러 부위를 모두 넣어 끓인다. 소머리, 사골, 도가니, 사태, 양지, 내장 등. 오래 끓이면 우유색깔이 난다. 설렁탕은 오래 끓여야 한다. 가마솥에 끓여야 제 맛이 난다. 가마솥의 불이 꺼지면 안 된다.

특이한 조리법도 있다. 쇠를 뜨겁게 달궈 국물에 잠깐 넣기도 했다. 비린내를 없애기 위해서다. 향료가 없던 시절 얘기다. 요즘은 후추 등을 사용한다. 설렁탕에 양념이 필요하다. 여러 가지 양념을 넣어 봤다. 파가 제일 어울렸다. 지금도 설렁탕에는 파를 넣는 이유다. 설렁탕에 중요한 것은 깍두기와 김치다. 특히 서울깍두기와 먹어야 일미다. 김치와 곁들여도 제 맛이다.

요즘 설렁탕은 맛이 변했다. 예전에는 재료가 부족했다. 지금은 재료가 풍부하다. 끓이는 방법에 따라 맛이 다르다. 구수한 맛은 예전이 좋은 것 같다. 정성이 들어가서였을까.

설렁탕

설렁탕은 뚝배기에 넣어야 맛이 난다. 평민은 값싼 뚝배기에 설렁탕을 먹었다. 주막에서도 뚝배기에 담아 내놨다. 뚝배기가 설렁탕의 뜨거움을 지켜줬다. 사기그릇 놋그릇에 넣으면 맛이 없다. 음식과 그릇의 궁합도 중요하다. 예전에는 집집마다 뚝배기가 몇 개씩은 있었다. 설렁탕이 대중음식인 것을 알려준다. 처음에는 설렁탕과 밥을 따로 먹었다. 따로국밥이었다. 전쟁 등을 겪으며 생활상이 변했다. 바쁜 생활에 맞춰 말아먹기 시작했다.

이문 설렁탕 전경

서울에는 유명한 설렁탕 식당이 있다. 이문(里門)설렁탕이다. 사람들이 착각을 한다. 이문동에 있는 식당이라고. 그럴 만하다. 이문동의 한자와 똑같다. 내용은 완전 다르다. 이문의 뜻은 이렇다. 서울 중요지역에는 망루가 있었다. 이 망루를 이문이라 불렀다. 이문이 있던 장소에 문을 열었다. 이문설렁탕이 된 것이다. 100년 이상의 전통을 갖고 있다.

재만네 집이라고 있었다. 지금은 없다. 마장동 근처에 문을 열었다. 도축장에서 싼 값에 고기를 구했다. 내용물이 풍부했다. 고기를 많이 넣어 줬다. 값도 저렴했다. 서민의 친구였다. 배고픔을 덜어 줬다. 막걸리 한 잔에 시름을 덜었다. 설렁탕에는 막걸리가 제격이다. 소주는 안 어울린다. 음식 궁합이 그렇다는 얘기다.

마포 부근에 설렁탕 식당이 많았다. 마포의 식당들은 두 종류 김치를 내놨다. 묵은 김치와 설익은 김치를 제공했다. 설렁탕과 김치의 궁합을 제대로 이용했다. 사람들이 모여 들었다. 마케팅 능력이 뛰어났나 보다. 이밖에도 명동의 미성옥 등이 사랑을 받았다. 설렁탕에는 세 가지 반찬이 있어야 된다. 깍두기, 익은 김치, 겉절이다. 익은 김치를 묵은지라 한다. 서울에는 없던 단어다. 겉절이는 익기 전에 먹는다.

설렁탕과 곰탕을 혼동하지 마라. 서울에는 곰탕이 없다. 곰국이라 부른다. 설렁탕과 곰국도 다르다. 곰국은 고기만 넣고 끓인다. 뼈 종류를 안 넣는다. 일단 고기를 삶아낸다. 그 국물에 다른 고기를 넣어 재탕한다. 국물이 졸아들게 된다. 곰국과 설렁탕은 국물이 다르다. 곰국은 국물이 끈적끈적하다. 삶은 고기는 수육으로 먹는다. 잘못 끓이면 냄새가 난다. 깍두기국물, 마늘, 파를 넣어 먹었다. 삶는 방법도 차이가 난다. 설렁탕은 오래 끓인다. 곰국은 2시간 정도만 끓여도 된다. 양반집에서는 곰국을 주로 먹었다.

예쁘고 맛있는
서울깍두기

서울깍두기는 손이 많이 간다. 정성이 들어가야 한다. 대충대충 만들 수 없다. 칼질이 정교해야 한다. 양념도 단순하다. 젓갈을 거의 사용하지 않는다. 고춧가루가 좋아야 한다. 담백한 맛을 낸다. 고유한 맛을 갖고 있다. 서울의 김치도 마찬가지다. 새우젓과 굴 정도만 사용한다. 다른 지역 깍두기와 모양이 다르다. 정사각형이다. 주사위보다 조금 크다. 크기도 비슷비슷하다. 여인네들은 힘들다. 정신을 집중해야 한다. 칼솜씨가 좋아야 한다. 사람들은 말한다. 서울깍쟁이라고. 서울깍두기에서 나온 말이다. 반듯하고 빈틈이 없다는 뜻이다. 깍쟁이들의 모습이다. 서울사람의 특징이 있다. 남에게 부탁을 안 한다. 부탁을 들어 주지도 않는다. 체면을 중요시 했다. 인정미가 없어 보이기도 한다. 서울사람만의 생활상이었다.

서울깍두기는 먹는 방법도 특이하다. 국물과 함께 숟가락으로 먹는다. 요즘은 서울깍두기를 보기 힘들다. 만들기 힘들어서다. 식당에 정체불명의 깍두기가 나타났다. 유명식당도 마찬가지다. 오래된 식당도 예외가 아니다. 넓적한 무에 가위가 나온다. 잘라서 먹는다. 서울깍두기가 아니다. 서울깍두기를 내놓을 수 없다. 손이 많이 가서 그런다. 이해는 할 수 있다. 그래도 미련이 남는다. 서울깍두기를 먹고 싶은 마음에. 설렁탕에는 깍두기가 꼭 있어야 된다. 서울깍두기는 설렁탕과 최상의 조합이다. 설렁탕에 깍두기 국물을 넣어 먹었다. 서울식이다. 서울깍두기는 지방에도 알려졌다. 서울깍두기를 상호로 사용한다. 서울깍두기의 고유성을 알 수 있다.

김병윤 저자의 집에서 담은 서울식 깍두기

서울사람 건강은 책임진다
추탕

추탕은 서울의 고유음식이다. 서울에서만 맛 볼 수 있다. 지방에는 추어탕이 있다. 요즘은 서울에서도 추어탕이 대세다. 일반인은 추탕을 잘 모른다. 안타까운 일이다. 서울에는 전국의 사람들이 모여 산다. 자신의 고향음식을 찾게 된다. 서울토박이는 별로 없다. 추탕이 밀릴 수밖에 없게 됐다. 추탕을 파는 식당도 거의 없어졌다.

추탕은 추어탕과 요리방법이 완전 다르다. 추탕은 통 미꾸라지를 사용한다. 추어탕은 갈은 미꾸라지를 쓴다. 국물을 내는 방법도 다르다. 추탕 국물은 고추장을 풀어 만든다. 추어탕은 된장으로 국물을 낸다. 향료도 다르게 썼다. 추탕에는 후추를 넣는다. 생마늘을 갈아서 넣기도 한다. 추어탕은 산초와 함께 먹는다.

추탕은 어떻게 탄생했을까. 서울은 다양한 자연환경을 갖고 있었다. 많은 실개천이 흘렀다. 얕은 강변이 있었다. 농약도 없었다. 미꾸라지가 살기 좋았다. 미꾸라지의 천국이었다. 언제나 미꾸라지를 잡을 수 있었다. 보양식으로 안성맞춤이었다. 조리방법도 간단했다. 미꾸라지에 소금을 넣어 해감했다. 불순물이 빠진 통 미꾸라지를 그대로 삶았다. 갖은 양념과 함께. 잘게 부수는 번거로움 없었다. 식감도 좋았다. 씹는 맛을 느낄 수 있었다. 서민의 음식으로 자리매김 했다.

추탕으로 유명한 식당이 있었다. 형제추탕이다. 지금은 문을 닫았다. 고(故) 김윤명 씨가 창업했다. 숭인동에 문을 열었다. 김윤명 씨는 전 연세대 야구감독 김충남의 아버지다. 김 감독은 증언한다. 형제추탕의 추탕에는 36가지 양념이 들어갔다고. 추탕에는 물이 중요하다. 물이 좋아야 한다. 요즘은 아니란다. 깨끗한 물이 없어 아쉽다고 한다. 미꾸라지도 자연산이 좋다고 한다. 형제추탕은 임진강 자연산 미꾸라지를 썼다.

용금옥의 추어탕

김윤명 씨는 5형제 중 2남이다. 형제추탕을 50년간 운영하고 은퇴했다. 동생들에게 추탕 식당을 열어 줬다. 식당 상호도 같았다. 가족 프랜차이즈 식이었다. 다섯째 동생의 아들이 몇 년 전까지 가업을 이었지만 영업부진으로 결국 접었다.

형제추탕은 정객들의 사랑방이었다. 김윤명 씨의 형이 초대 시의원 고(故) 김수길 씨였다. 민주당 소속이었다. 장면, 장택상, 임흥순 씨 등 거물정객이 모여 들었다. 추탕한 그릇을 놓고 정국을 논의했다. 가난한 정치인의 집합장소였다. 연예인도 많이 왔다. 1950~60년대 유명인들이 꼭 들르던 식당이었다.

곰보추탕도 유명했다. 주인은 형제추탕 주방장 출신이었다. 매우 성실하게 일을 했다. 김윤명 씨가 가게를 내줬다. 추탕의 명소로 이름을 날렸다. 곰보추탕도 장사를 그만 뒀다. 이유는 모르겠다.

지금은 용금옥이 추탕의 맥을 잇고 있다. 용금옥은 다동과 통인동에 있다. 용금옥은 고(故) 홍기녀 씨가 창업주다. 다동은 창업주의 아들이 물려받았다. 통인동은 막내며느리가 운영한다. 세월이 흘러 두 집의 맛도 다르다. 먹는 사람의 입맛에 따라 호불호가 갈릴 수 있다. 중요한 것은 추탕의 맥을 잇고 있다는 것이다.

다동에 위치한 용금옥과
용금옥 가게에 걸려있는 액자들

다른 지역과 재는 방법이 다르다
갈비

소갈비는 갈비찜에서 변화했다. 부잣집 밥상에는 갈비찜이 있었다. 부잣집이라 하면 양반일 게다. 손님 대접할 때 상에 올랐다. 갈비찜이 있어야 손님대접을 한 듯했다. 갈비찜은 부와 명예의 상징처럼 인식됐다. 갈비찜에는 약점이 있다. 양념에 재워 숙성을 시켜야만 한다. 숙성시간이 길다. 갑자기 손님이 오면 내놓을 방법이 없다. 이때 나온 것이 갈비구이다. 찜을 대신해 구이가 선보였다. 갈비찜 양념을 갈비에 발라 구웠다. 갈비찜 냄새가 났다. 맛도 좋았다. 주인과 손님 모두 만족했다.

갈비는 명절에 선물로 인기를 끌었다. 상호 우의를 다지는데 한 몫 했다. 갈비는 예전에도 비쌌다. 귀하기도 했다. 선물로 제격이었다. 다른 이유도 있다. 소갈비는 질기다. 지금처럼 연육제가 없었다. 먹으려면 체면유지를 할 수 없다. 손으로 들고 뜯어야 한다. 얼굴이 찡그려 진다. 나중에 갈비 먹은 얘기로 웃음꽃을 피웠다. 자연히 친해질 수밖에 없었다.

지금도 갈비는 비싸게 팔린다. 서민이 먹기에는 부담이 간다. 비싼 가격 땜에 사회적 물의도 발생했다. 인사동에 유명한 갈비구이 집이 있었다. 장사가 잘 됐다. 주인이 꼼수를 부렸다. 갈비에 다른 살을 실로 묶어 팔았다. 손님에게 발각돼 한 동안 화제가 됐다. 손님은 발길을 끊었다. 식당은 끝내 문을 닫았다. 음식장사에는 원칙이 있다. 맛이 좋아야 한다. 맛보다 중요한 것이 있다. 정직해야 한다. 정성이 들어가야 한다.

소갈비는 양반의 음식이었다. 서민도 갈비를 먹고 싶었다. 개발한 갈비가 있다. 돼지갈비다. 마포종점 부근에서 생겨났다. 값이 쌌다. 연해서 먹기 좋았다. 맛도 있었다. 술안주로 적합했다. 돼지갈비에는 꼭 술이 따랐다. 소갈비와는 다른 이미지로 다가섰

양념에 잰 소갈비

다. 주당들이 모여 들어 순식간에 30~40개 식당이 문을 열었다. 마포는 전차 종점이었다. 나루터였다. 전차 기다리며 한 잔. 배 타기 전에 한 모금. 문전성시였다. 돼지갈비는 서울에서 유명세를 탔다. 유명세는 지방으로 퍼졌다. 지금은 돼지갈비가 대중화됐다. 누구든 쉽게 먹을 수 있다. 친근한 음식이 됐다. 마포는 돼지갈비의 원조로 인정받고 있다. 마포에는 지금도 돼지갈비집이 성황을 이루고 있다.

폼생폼사
신선로

신선로에 관한 잘못된 인식이 있다. 궁중음식으로 알고 있다. 아니다. 그릇 이름일 뿐이다. 신선로는 놋으로 만든다. 신선로는 일종의 전골이다. 이미 끓인 음식을 데워 먹는다. 신선로 그릇 안에 불을 넣어 데운다.

신선로의 유래는 이렇다. 서울의 양반집에는 잔치가 많았다. 음식이 많이 남았다. 버리기 아까웠다. 남은 음식을 신선로에 데워 먹었다. 신선로에 맞는 음식도 만들어 졌다. 신선로용 국수도 있었다. 신선로는 부자의 척도로 쓰이기도 했다. 들어가는 재료에 따라 가세를 판단했다. 신선로를 먹을 때 소주는 안 어울린다. 청주가 맞는다. 음식의 궁합이 오묘하다.

신선로는 단점도 있다. 겉모습은 멋있어 보이지만 위생적으로는 안 좋다. 여러 사람이 공동으로 떠먹어 불결하다. 이런 점은 극복되고 있다. 개인용으로 작은 신선로를 제공한다. 음식에 대한 거부감도 준다. 개인취향에 따라 안 좋아하는 음식이 들어갈 수 있다.

신선로의 변형이 전골이다. 남은 음식을 끓여먹는 집이 생겼다. 새로운 재료들로 만들어 먹기도 했다. 이것저것 다 넣었다. 밖에서 불을 넣어 직접 끓였다. 전골은 종류가 많이 들어가 번잡했다. 종류를 단일화 했다. 소고기, 만두, 두부, 버섯전골로 진화했다. 돼지고기, 닭전골은 없다. 서울에서는 이런 음식을 전골이라 한다. 이북은 어복쟁반이라 부른다. 생선의 배처럼 생긴 그릇에 끓인다 해서 붙여진 명칭이다.

신선로

삼계탕과는 차원이 다른
닭곰탕

닭곰탕은 양반집 음식이었다. 양반집 음식이 평민음식으로 대중화 됐다. 서울에는 삼계탕이 없었다. 양반이 먹기에 마땅치 않아서다. 삼계탕의 닭은 손으로 들고 뜯어야 한다. 양반들은 품위가 손상 된다 여겼다. 삼계탕만이 아니다. 김도 손으로 싸먹지 않았다. 숟가락에 붙은 밥알로 찍어 먹었다. 과일을 먹을 때도 특수도구를 사용했다. 지금의 포크와 비슷했다. 2개의 찍는 부분이 있었다. 이 도구가 없는 집은 젓가락을 사용했다.

닭곰탕은 양반의 허세로 탄생했다. 닭고기를 찢어서 끓였다. 손을 댈 필요가 없어 먹기도 편했다. 조리법도 간단했다. 깨끗한 닭에 파, 마늘 등 양념을 넣고 끓이기만 하면 된다. 시간도 오래 걸리지 않는다. 닭곰탕은 보양식으로 인기를 끌었다. 기운이 없을 때 많이 먹었다. 땀 흘리는 여름에 사랑받았다. 예전에는 고기가 귀했다. 소고기 돼지고기는 먹기 힘들었다. 그나마 닭고기는 쉽게 구할 수 있었다. 웬만한 집에서 닭 1~2마리는 키웠다. 달걀을 먹기 위해. 양반집은 더 많은 닭을 키웠다. 닭곰탕을 먹고 싶을 때 키우던 닭을 잡았다. 직접 잡지는 않았다. 다른 데서 잡아왔다. 집에서는 조리만 했다. 보신용으로 즐겨 먹었다. 어린 닭이 주로 사용됐다.

닭곰탕은 서울 사람의 입맛을 돋아줬다. 식당도 많이 생겼다. 무교동 서대문에 닭곰탕 집이 많았다. 서대문에는 닭곰탕집이 줄을 이었다. 지금도 몇 개의 식당이 남아 서울 닭곰탕의 명맥을 잇고 있다.

녹두부침개

빈대떡이 아니다
부침개

부침개는 기름에 재료를 부쳐낸 음식이다. 넓게 부쳐낸다. 서울에서는 부침개. 이북에서는 지지미라 부른다. 원조를 놓고 논쟁이 있다. 부침개 하면 빈대떡이 떠오른다. 6·25이후 빈대떡으로 탄생했다. 부침개의 대명사로 자리 잡았다. 빈대떡의 뜻에도 이견이 있다. 유래에 대해서도 많은 설이 있다. 빈(貧)자의 떡이라는 말도 있다. 가난한 사람의 떡이라는 뜻이다. 아니다. 부침개의 유래와 원조는 접어두자. 확실치 않은 얘기들이 많다.

부침개는 재료에 구애받지 않는다. 밀가루, 쌀가루, 메밀가루 등과 섞으면 된다. 밀가루는 꼭 들어가야 한다. 반죽을 뭉치기 위해서다. 반죽한 재료를 멋대로 부쳐내면 된다. 모양에 신경 쓸 필요가 없다. 부침개는 종류도 다양하다. 김치부침개, 호박부침개 등이 친근하다. 서울의 부침개 중 파전이 유명했다. 크기가 엄청났다. 배고픔을 달래줄 크기였다. 파전에는 파만 들어가지 않았다. 고기, 오징어, 새우, 굴 등 영양식품이 들어갔다. 서울음식에 동그랑땡이 있다. 크기가 작고 예쁘다. 소고기를 다져넣는다. 두부와 채소도 함께 섞는다. 반죽에는 달걀도 들어간다. 반찬으로 먹는다. 술안주로도 사랑받는다. 예전에는 전이라 불렀다. 부침개를 먹으면서 장이 발달했다. 부침개 장을 만들었다. 달래장, 파장 등 다양한 장 종류가 나왔다. 한국음식에는 파가 거의 들어간다. 부자는 일본 장을 먹었다. 소위 기꼬만 간장이다.

부침개는 서울음식이자 전국음식이다. 평민과 양반이 함께 즐겼다. 계급과 빈부의 차이가 없었다. 어디서나 만들 수 있었다. 만들기도 편했다. 누구 곁에나 있었다. 비오는 날 울적함을 달래줬다. 삶의 시름도 잊게 해줬다. 빗물 속에 응어리진 눈물도 함께 흘려보냈다. 막걸리 한 잔의 안주가 되어.

면보다 국물이 중요한
칼국수

칼국수의 뜻은 무얼까. 단순하다. 칼로 반죽을 자른다 해서 칼국수다. 손으로 직접 자른다. 요즘은 대부분 기계로 뽑아낸다. 칼국수는 전국에 퍼져있다.

서울의 칼국수는 특성이 있다. 면이 가늘다. 지방의 칼국수는 면이 굵다. 면을 미는 홍두깨가 크다. 밀가루 반죽을 잘 밀어야 한다. 힘들고 번거롭다. 숙련된 기술이 필요하다. 기술자의 손맛이 중요하다. 홍두깨 기술자 쟁탈전도 치열했다. 요즘은 홍두깨로 칼국수를 만드는 집이 별로 없다. 예전 칼국수 맛이 안 난다. 배가 불러서일까. 음식은 사람의 정성이 들어가야 한다. 칼국수 국물에는 호박이 꼭 들어가야 한다. 고명도 많이 넣어야 한다. 잘못하면 밀가루 비린내가 난다. 풍습에 따라 새알을 넣는 집도 있다. 지금도 칼국수 집은 성행한다. 아쉬움이 있다. 전통방식이 많이 사라졌다.

칼국수는 비 오는 날 많이 팔린다. 빗소리가 들리면 생각나는 음식이다. 낮에는 칼국수, 저녁엔 빈대떡. 비 오는 날 생각나는 음식의 양대 산맥이다. 가락국수와 잔치국수도 있다. 칼국수와 다르다. 모두 기계로 면을 뽑는다. 잔치국수는 가끔 서민에게 포식의 기쁨을 줬다. 부잣집 잔치 때 맛볼 수 있었다. 잔치 때면 국수를 많이 만들었다. 수백 그릇씩 끓여댔다. 동네사람을 모두 초대했다. 아낌없이 베풀었다. 주는 사람이나 먹는 사람이나 부담이 없었다. 웃음꽃을 피우며 배불리 먹었다. 배고팠던 시절의 추억이다.

가락국수도 서울에서 만들어 졌다. 면이 두툼하다. 우동 면과 흡사하다. 가락국수는 추억의 음식이다. 기차역의 추억이 담겨있다. 완행열차를 타고 갈 때 배고픔을 달래줬다.
기차역에 잠시 설 때 승객들이 웅성거렸다. 가락국수 먹을 준비에. 기차가 서면 피난

서울 칼국수

민처럼 몰려갔다. 국수판매대로. 순식간에 먹어 치웠다. 먹는 게 아니라 마시는 수준이었다. 빨리빨리 민족이 아니면 못 볼 진풍경이었다. 가락국수는 그렇게 우리의 허기를 달래줬다. 아스라한 추억과 함께.

평양이나 함흥과 차원이 다른
냉면

냉면은 서울음식이 아니다. 서울음식으로 변한 것이다. 이북에서 내려왔다. 이북냉면과 맛이 다르다. 냉면은 평양과 함흥이 원조다. 평양냉면은 물냉면이다. 함흥냉면은 비빔냉면이다. 평양냉면은 1920년대에 전래됐다. 메밀 30%, 밀가루 70%로 만들어진다. 밀가루가 많이 들어간다. 이유가 있다. 메밀 값이 비싸서다. 메밀은 뭉쳐지지 않는다. 밀가루가 들어가야만 한다.

평양냉면은 면이 굵다. 국물이 달지 않다. 담백하다. 서울에 와서 맛이 바뀌었다. 서울냉면은 국물이 달다. 배가 들어갔다. 식감을 높여줬다. 아삭아삭 씹히는 맛이 더해졌다. 새로운 맛이 탄생했다. 북한에는 배가 없었다. 달걀도 첨가돼 영양분을 보충해 줬다. 메밀은 실제로 영양분이 부족하다.

서울사람은 새로운 냉면을 개발했다. 동치미냉면이다. 시원한 동치미국물에 말아 먹어봤다. 맛이 좋았다. 새로운 맛을 느낄 수 있었다. 함흥냉면은 평양냉면보다 늦게 들어왔다. 메밀이 안 들어간다. 전분가루와 밀가루로 만든다. 면이 가늘고 질기다. 국물이 없다. 면 자체의 맛을 느낀다. 매콤한 양념과 함께.

냉면 먹을 때 알아야 할 점이 있다. 식초를 국물에 뿌리는 게 아니다. 면에 뿌려야 한다. 메밀에 특유의 독소가 있다. 식초는 메밀의 독소를 제거해준다.

서울의 냉면은 1940년대에 뿌리를 내렸다. 해방 후 미군부대에서 밀가루가 많이 나왔다. 냉면을 만들기에 좋았다. 북촌에 냉면집이 40~50개가 들어섰다. 점차 사람들의 입맛을 사로잡았다. 대중음식으로 사랑 받았다. 아쉬움이 있다. 2019년에 값이 너무

냉면

올랐다. 서민이 먹기에 부담이 간다. 고기보다 비싼 곳도 있다. 과연 그렇게 올려야 했을까. 의문이 든다.

남한과 북한은 냉면 먹는 시기도 다르다. 북한에서는 겨울에 먹는다. 강추위에 몸을 떨어가며 맛을 즐긴다. 추위는 추위로 이기는 방법이다. 삼복더위에 삼계탕을 먹는 것과 같다. 서울에서는 여름에 많이 먹는다. 시원함으로 더위를 달랜다. 냉면은 서울 음식의 대중화를 증명해준다. 서울음식이 전국음식임을 일깨워 준다.

CHAPTER 4

진짜 서울토박이가 말하는

그 네번째 이야기

영원한 음료
서울의 술

술은 어떤 음식일까. 오감을 통해 느껴야 한다. 술을 빚는 것은 예술품의 창작과정이다. 귀로 들어야 한다. 눈으로 보아야 한다. 코로 맡아야 한다. 입으로 맛을 음미해야 한다. 목으로 쾌감을 즐겨야 한다.

술은 계급에 상관없이 빚었다. 부자와 빈자의 차이가 없다. 술의 종류는 많다. 각 지역의 특성이 있다. 재료도 다양하다. 제조방법이 다르다. 맛도 차이가 난다. 색깔도 각양각색이다. 향기도 독특함을 갖고 있다. 공통점이 있다. 물이 좋아야 한다. 정성이 들어가야 한다. 술은 만든다고 하지 않는다. 빚는다고 한다. 정성이 없으면 맛이 안 난다.

술은 인간의 벗으로 지내왔다. 사람을 즐겁게 해준다. 화도 나게 한다. 평온과 분노를 함께 제공한다. 오묘한 능력을 가지고 있다. 술은 음식이다. 음식이면서 예술품이다. 누구인가는 말한다. 인류 최고의 작품은 술이라고.

서울에도 고유의 술이 있다. 친근한 술이 있다. 평민이 즐겼다. 귀한 술도 있다. 지체 높은 집에서 마셨다. 술은 신분의 차이가 없다. 부족한 인간이 경계를 만들었을 뿐이다. 술은 모든 사람에게 평등하다. 마신만큼 취하게 해준다. 술의 매력이다.

마음을 채워주는 물
막걸리

너무도 친근하다. 한국 술의 대명사다. 서울의 술이라 말하기 어색하다. 전국에 다 퍼져있다. 각 지역마다 맛이 다르다. 종류가 다양하다. 외국인도 많이 안다. 코리안 와인으로 알려져 있다. 막걸리는 설렁탕과 함께 발달했다. 설렁탕에 딱 맞는 술로 맛을 뽐냈다. 한국음식의 기본은 쌀이다. 쌀을 기본으로 음식이 만들어 졌다. 막걸리는 쌀로 만들어야 제 맛이다. 예전에는 쌀이 귀했다. 서울의 부잣집엔 쌀이 많았다. 막걸리 빚는데 어려움이 없었다. 술 익는 냄새가 담장 밖을 휘감았다. 냄새에 취한다는 말이 있다. 직접 마시지 못한 평민의 마음이었을까. 모를 일이다.

막걸리는 귀한 술이다. 친근한 술이다. 고마운 술이기도 하다. 익어가는 동안 다양한 맛을 제공한다. 깨끗한 맛의 청주. 쌀이 동동 뜬 동동주. 걸쭉한 탁주. 한 가지 술에서 세 가지 맛을 낸다. 막걸리는 100일 정도 되면 보글보글 방울이 생긴다. 이때 떠먹으면 청주가 된다. 쌀이 불어터져 동동 뜰 때가 동동주다. 다 익어 탁해질 때 마시면 막걸리다.

막걸리는 서민의 술이다. 탁한 만큼 힘든 삶을 살아온 사람들의 벗이다. 값도 싸다. 맛도 좋다. 시원하게 마시기 좋다. 부담 없이 마실 수 있다. 오랫동안 사랑받는 이유다. 막걸리는 오래 놔두면 식초가 된다. 물을 타서 수시로 마셔도 된다. 건강에 좋다.

막걸리는 안방의 윗목에 보관한다. 따뜻한 환경에서 숙성시킨다. 안방의 아랫목은 따뜻하다. 윗목은 서늘하다. 한옥의 독특한 구조가 빚어낸 환경이다. 막걸리는 숨 쉬는 술이다. 항아리 뚜껑도 한지를 사용했다. 뚜껑도 한지로 묶었다. 한지는 숨을 쉰다. 사람과 함께 호흡하는 술이 막걸리다. 술 빚는 것을 장 담그는 듯했다.

막걸리

막걸리는 술로만 끝나지 않았다. 배고픈 사람의 양식이었다. 술지게미는 서민의 한 끼 식사였다. 그래서 고맙다. 지게미는 술을 빚은 뒤 나오는 찌꺼기다. 지게미에는 알코올 성분이 남아있다. 지게미를 먹으면 배가 불렀다. 보릿고개 시절에 지게미는 한 끼 식사였다. 지게미를 먹고 등교했던 추억이 있다. 초등학교 시절이었다. 아침부터 술 냄새가 났다. 수시로 그랬다. 선생님에게 야단을 맞았다. 어린놈이 아침부터 술 마셨다고. 나중에 사정을 말했다. 선생님이 당황했다. 점심때 살짝 부르셨다. 옥수수 빵을 슬쩍 건네 주셨다. 구호용 식빵이었다. 미안한 표정을 지으며. 다음부터 밥 없으면 그냥 오라고. 옥수수 빵 줄 테니까. 아련한 추억이다. 지게미는 사료로도 최고였다. 돼지에게 먹였다. 지게미는 돼지를 취하게 했다. 돼지는 잠이 들었다. 꼼짝하지 않았다. 자연히 살이 쪘다. 양돈업자의 현명함이 돋보였다. 막걸리는 그런 술이다.

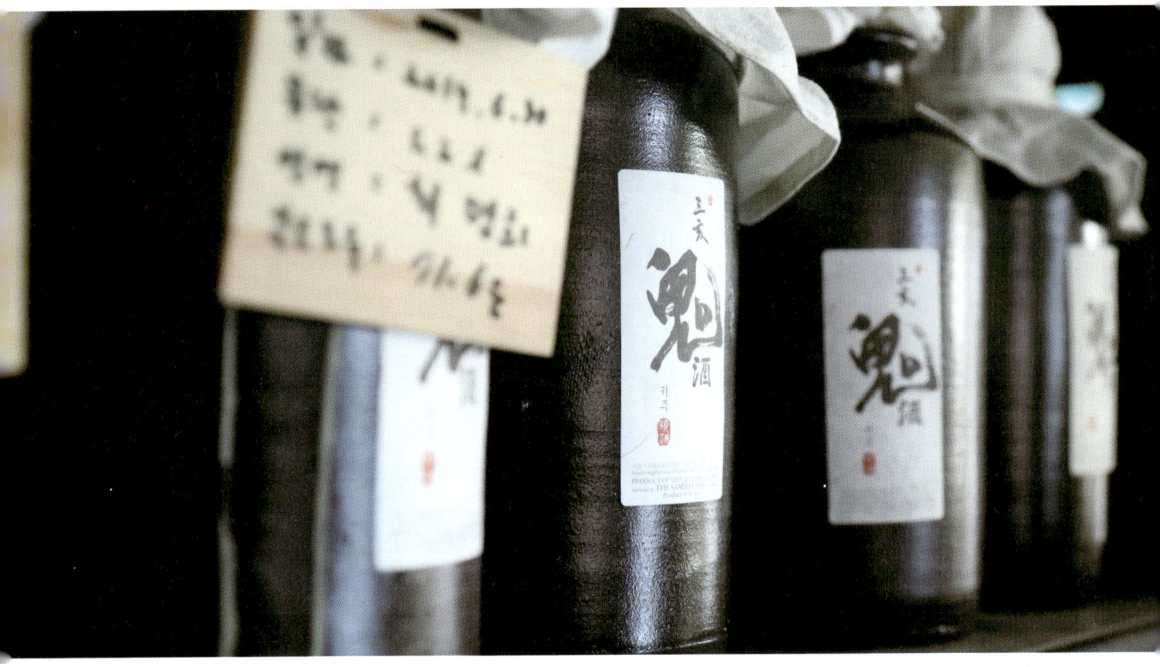
三亥
鬼酒
귀주
PRODUCT OF TRIPLE FERMENTATION

三亥
燒酒
PRODUCT OF TRIPLE FERMENTATION
THE SAMHAE SOJU
Product of Korea

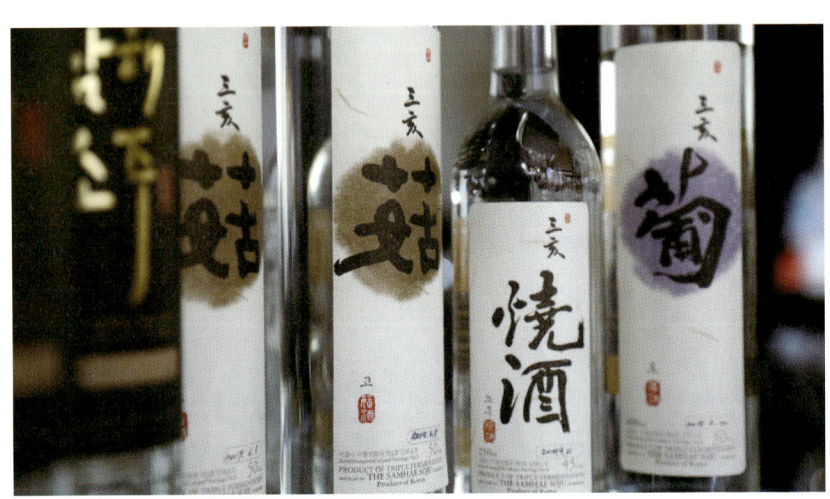

삼해주

특이한 서울 술
삼해주(三亥酒)

삼해주는 고급술이다. 음력 정월 첫 해일(亥日)에 담갔다. 해일은 돼지날이다. 해일은 12일 또는 36일 간격으로 돌아온다. 그 해일에 3번 술을 앉힌다. 삼해주의 어원이다. 삼해주는 사대부집에서 빚었다. 부유층이 아니면 빚기 힘들었다. 많은 쌀이 사용됐다. 계절적 요인도 있었다. 음력 정월에 담갔다. 쌀이 귀한 시기였다. 보릿고개로 연명해야 했던 시절이었다. 평민은 먹고 살기 바빴다. 술 빚을 생각은 엄두도 못 냈다. 부유층만의 전유물이었다. 백성은 상소까지 올렸다. 삼해주의 폐해를 막아달라고. 술 빚는데 쌀이 너무 소비되었다.

삼해주의 폐해는 1960년대에도 있었다. 박정희 대통령 시절이었다. 쌀이 모자랐다. 수입할 돈도 없었다. 배고픔에 굶주렸다. 가난한 나라의 현실이었다. 가정에 술독 한 개씩은 있었다. 국민은 술로 시름을 달랬다. 술은 쌀에서 나온다. 정부는 특단의 조치를 내렸다. 술 제조 금지령을 내렸다. 쌀을 지키기 위해서다. 정말로 고단했던 시절이었다. 이제는 모두 잊고 살아간다. 하지만 잊지 말아야 한다. 아픈 과거를 잊으면 안 된다. 아주 오래 된 과거도 아니다. 불과 50년 전 얘기다. 쓰라렸던 시절이 돌아올 수도 있다. 두렵다. 현실이 그런 것 같다. 술에 취해 비틀대는 모습 같다. 술은 약이자 독이다. 기분이 좋으면 약이다. 취해서 비틀거리면 독이다. 술의 양면성이다. 교훈을 삼아야 한다.
삼해주는 술 빚는 시간이 오래 걸린다. 백일주라고 부를 정도였다. 과정도 까다롭다. 실패할 확률도 높았다. 부유층의 술이 된 이유가 또 있다. 안주였다. 삼해주의 안주는 소고기였다. 수육 아니면 육회였다. 안주마저 평민이 접하기 어려웠다. 술을 빚는 데는 불변의 법칙이 있다. 좋은 술은 좋은 물에서 나온다. 좋은 지하수를 사용해야 한다. 지금 물로는 옛 맛이 안 난다.

외로운 이의 친구
소주(진로)

소주는 옛날부터 있었다. 증류식으로 내렸다. 우리나라 전통술 제조 방식이다. 희석식 소주가 생산됐다. 진로 소주였다. 그 전에도 소주는 팔았다. 항아리에 술을 담았다. 필요할 때 병에 넣어 판매했다. 소위 막소주였다. 값도 쌌고 도수도 높았다. 취하기 딱 좋아 서민의 사랑을 받았다.

막소주를 대중화한 기업인이 있었다. 진로소주의 창업자 장학엽 씨다. 장학엽은 평안도 용강 출신이다. 일제시절 가내공업식으로 소주를 빚었다. 장학엽은 1954년 영등포에 터를 잡았다. 서광주조를 창업했다. 진로 소주를 생산했다. 참진(眞) 이슬로(露) 상표를 붙였다. 막소주보다 고급스러워 보였다. 비싸게 팔았다. 비싸도 날개 돋친 듯 팔렸다. 고객은 대접받는 기분이었다. 고가 마케팅이 성공했다. 퇴근길 직장인의 친근한 벗이 됐다. 상표는 두꺼비였다. 술집 여기저기서 주문소리가 들렸다. 이모 여기 두꺼비 하나요. 한국소주의 대명사로 자리 잡았다.

진로의 마케팅은 적극적이었다. 이런 얘기도 있다. 확실치는 않다. 아마도 맞을 거다. 회사에서 직원에게 돈을 줬다. 술값을 주는 것이었다. 저녁마다 술집을 돌게 하며 진로소주를 주문했다. 없다하면 곧바로 나오게 했다. 이런 일이 반복되니 주인은 어리둥절했다. 진로소주가 무언데. 주인들은 고민했다. 진로 소주 값이 비싸서. 그래도 어쩔 수 없었다. 손님들이 찾는데. 울며 겨자 먹기로 들여 놓았다. 걱정은 기우였다. 손님은 계속 진로를 찾았다. 장사가 잘 됐다. 누이 좋고 매부 좋은 일이 됐다.

진로 소주는 술집을 점령했다. 가정에도 파고들었다. 회사의 마케팅은 더 집요해졌다. 1959년에 CM송을 제작했다. 야야야야야 차차차 너도 진로 나도 진로. 한국최초의 CM송 이었다. 대성공이었다. 어린이부터 어른까지 부르고 다녔다. 어디를 가도 진로 CM송이 흘러나왔다. 진로는 소주 시장만 점령한 게 아니었다. 우리의 생활 속에 있었다.

이런 진로 소주도 부침이 많았다. 경영권 분쟁. IMF 사태를 맞으며 막을 내렸다. 안타까운 일이다. 상표는 그대로 남아있다. 주인이 바뀌었을 뿐이다. 다행이다. 진로 소주는 서울의 술이 아니다. 그래도 서울의 술로 꼽은 이유가 있다. 진로 소주는 서울에서 널리 퍼졌다. 서울을 기반으로 대중화 됐다. 소주는 여러 상표가 있다. 각 지역에서 생산하고 있다. 맛은 지역마다 다를 수 있다. 지역의 특색을 담고 있다. 분명한 것이 있다. 소주는 한국인과 함께 하고 있다는 사실이다.

5
CHAPTER

진짜 서울토박이가 말하는
서울,
그 다섯번째 이야기

1950-60년대 한식과 양식의 총성없는 전쟁
서울의 식당

사람은 먹기 위해 산다. 살기 위해 먹는다. 어느 말이 맞는지 모르겠다. 분명한 것이 있다. 사람은 먹어야 한다. 때가 되면 배가 고파온다.

먹으려면 장소가 필요하다. 앉아서 편히 먹어야 한다. 물론 아무데서고 먹을 수 있다. 서서 먹을 수 있다. 누워서 먹을 수도 있다. 이런 특별한 경우는 정상이 아니다. 생활의 대부분은 밖에서 이루어진다. 밖에서 사람을 만나고 밥을 먹는다. 이럴 때 필요한 것이 식당이다. 복잡한 도시에서는 식당이 큰 역할을 한다. 서울은 큰 도시다.

서울에는 언제 식당이 생겼을까. 1900년대 초에 생기기 시작했다. 사람이 모이며 크게 발달했다. 종류가 다양해졌다. 한식당, 양식당, 중식당이 문을 열었다. 전문 식당도 생겼다. 지역 특성에 맞는 음식을 선 보였다.

서울에는 오래된 식당이 많다. 손님의 사랑을 많이 받았다. 음식만 내놓는 것이 아니었다. 정도 함께 주었다. 없어진 식당도 있다. 다시는 못 느낄 정만 남겨놓은 채.

청진옥

술꾼의 친구
청진동 해장국 - 청진옥·흥진옥

청진동 하면 해장국이 떠오른다. 동네 이름보다 해장국으로 유명해졌다. 서울의 술꾼이 모여들었다. 청진동 해장국을 먹으려고. 흥진옥과 청진옥이 유명했다. 지금도 많은 사람이 찾는다. 청진옥의 효시는 흥진옥이다. 흥진옥의 주인은 최창익 이었다. 큰아들이다. 지금은 세상을 떠났다.

청진옥은 흥진옥 주인의 동생이 운영한다. 최창혁이다. 형제가 해장국집으로 성공했다. 흥진옥과 청진옥은 아직도 영업을 하고 있다. 예전의 맛을 이어가고 있다. 두 가게는 특유의 조리법을 선보였다. 선지를 재료로 썼다. 선지는 소피로 만든다. 소피를 고체 상태로 굳힌다. 소피를 굳히는 기술이 비법이다. 두 식당은 자신만의 비법으로 해장국을 만들었다. 선지해장국이다. 선지에 우거지를 넣어 시원한 맛을 냈다.

애주가들은 선지해장국에 빠져 들었다. 선지가 대중화됐다. 시원한 국물. 선지의 부드러운 식감. 맛과 영양을 겸비했다.

흥진옥

술꾼 사이에 소문이 퍼졌다. 해장에는 청진동 해장국이 최고라고. 흥진옥과 청진옥은 동네 덕도 톡톡히 봤다. 예전엔 공사가 많았다. 도시개발계획이 진행됐다. 건설 붐이 일었다. 건물이 들어섰다. 근로자가 모여 들었다. 돈이 많이 풀렸다. 힘든 노동이 끝나면 한잔 술을 걸쳤다. 근로자들의 즐거움이자 피로회복제였다. 마무리는 해장국이었다. 내일을 준비하는 활력소였다.

또 다른 이유가 있다. 청진동 주변에는 술집이 많았다. 나이트클럽이 모여 있었다. 나이트클럽은 손님들로 가득 찼다. 통행금지가 있던 시절이었다. 새벽 4시까지 나올 수가 없었다. 나이트클럽에서 춤추고 놀았다. 속이 쓰렸다. 배도 고팠다. 통행금지가 풀리면 벌떼처럼 쏟아져 나왔다. 허기진 배를 채우려고. 숙취도 해소해야 했다. 모이는 장소가 청진동이었다. 흥진옥은 술꾼의 욕구를 채워줬다. 청진옥도 마찬가지였다. 애주가는 해장술로 2차를 즐겼다. 새로운 술자리가 만들어졌다. 근처에 선술집이 생겼다. 포장마차의 시초다.

여주인의 인심이 넉넉했던
한일관

오래된 식당이다. 1939년에 문을 열었다. 종로에서 시작했다. 종각 건너편에 있었다. 지금은 압구정동에 본점이 있다. 분점도 여러 곳이 있다. 80년의 전통을 갖고 있다. 초창기에는 갈비와 냉면을 팔았다. 지금은 여러 종류를 판다. 갈비는 비싼 음식이다. 당시에도 비쌌다. 주인은 생각을 바꿔 싸게 팔았다. 사람이 줄을 섰다. 인산인해였다. 갈비를 싸게 먹을 수 있어서. 식당을 나올 때 뿌듯함을 느꼈다. 이쑤시개 한 개를 입에 물고 폼을 잡았다. 부자가 부럽지 않았다. 먹은 사람 모두가 부자였다.

주인이 대단했다. 몸뻬 아줌마라 불렀다. 언제나 일복 바지를 입은 촌부의 모습이었다. 여장부였다. 돈을 엄청나게 벌었다. 일화가 있다. 11시에 영업이 끝났다. 1950~60년대엔 화폐가치가 없었다. 돈의 부피가 상상 못 할 정도였다. 셀 수도 없었다. 돈을 마대자루에 쓸어 담았다. 1~2개가 아니었다. 옮길 수가 없었다. 지프차로 옮겼다. 집에서 하루를 보관했다. 가게를 열기 전에 해야 할 일이 있었다. 은행 문이 열릴 때 입금을 했다. 이런 날이 계속 반복됐다. 한일관의 창업주는 검소했다. 돈 있는 티를 안 냈다. 손님에게 아낌없이 베풀었다. 손님만이 아니다. 사회에 좋은 일도 많이 했다. 지금도 주인의 얼굴이 아른거린다. 푸근한 인상, 넉넉한 마음씨, 순박한 웃음. 손님의 벗이었다.

한일관

등심구이의 시초
오륙도

다동에 있다. 외식문화에 바람을 일으켰다. 새로운 맛을 알려줬다. 서울사람은 양념구이를 먹었다. 생고기 먹는 건 상상하지 못했다. 오륙도가 모험을 했다. 생고기에 소금만 뿌려 구웠다. 양념장도 없었다. 소금 기름만 내놨다. 고기의 순수한 맛을 선보였다. 신선함을 줬다.

반응은 폭발적이었다. 등심구이의 시초가 됐다. 장안의 화제를 모았다. 1960년대 말부터 70년대 초까지 성황을 이뤘다. 오륙도의 인기도 대단했다. 새로운 맛을 보려고 줄을 섰다. 자리가 없었다.

지금은 등심구이가 대중화 됐다. 갈비도 생갈비가 비싸다. 양념갈비가 더 싸다. 왜 그럴까. 생고기는 속일 수 없다. 신선해야만 한다. 불신의 시대라서 그럴까. 양념을 가미하면 고기를 속일 수도 있다.

오륙도는 그런 면에서 큰일을 했다. 지금도 그때의 첫 맛을 잊을 수 없다. 첫 사랑의 입맞춤처럼.

소금구이의 시초 오륙도

이승만 대통령이 즐겨 찾던 스테이크집
서울역그릴

해방 후 한국에도 양식당이 들어왔다. 일반인에게는 낯설었다. 가볼 기회가 없었다. 사용하는 방법도 몰랐다. 양식당에 갈 돈도 없었다. 극소수 사람만 애용했다. 선택받은 사람들의 장소였다. 사교의 장소로 이용됐다. 일반인과는 동떨어진 세계였다. 국정을 논의했고 외교무대의 장으로 사용됐다. 문화의 산실이 됐다. 없던 시절 얘기다. 그 시절에 유명했던 양식당이 몇 군데 있었다. 그중 한 곳이 서울역그릴이다.

이승만 대통령이 즐겨 찾았다. 일주일에 한 번은 방문했다. 스테이크를 먹으려고. 이승만 대통령은 해외생활을 오래해 양식을 좋아했다. 스테이크 생각이 나면 서울역 그릴로 갔다. 계단을 통해 올라갔다. 불편함을 감수했다. 걸어서 가야만 했다. 계단이 밖에 있었다. 추락의 위험도 있었는데 아무런 불평도 안 했다. 대통령과 일반인이 같이 출입했다. 당시에는 그랬다. 서울역그릴에서만큼은 대통령이 아니었다. 일반 손님

서울역그릴

과 똑같았다. 권위의식도 없었고 시골할아버지 같았다. 평민의 몸가짐이었다. 음식 탓을 전혀 안 했다. 나오는 대로 맛있게 먹었다. 먹고 나면 꼭 고마움을 표시했다. 직원들한테 수고비를 조금씩 줬다. 이승만 대통령 방이 있었다. 아주 초라했다. 소박했다. 못 살았던 현실을 증명해줬다. 지금은 흔적도 없다. 너무도 아쉽다.

일본 긴자에 오뎅집이 있다. 오뎅은 한국말이 아니다. 일본말이다. 한국말은 어묵이다. 일본음식의 본 명칭을 사용하려 한다. 400년 된 가게다. 일본 왕이 방문했다. 오뎅을 맛있게 먹고 갔다. 가게 구석에 금색 테두리가 쳐있다. 왕이 앉았던 의자다. 역사물로 보존하고 있다. 일본인의 의식을 엿볼 수 있다. 무조건적인 반일은 안 좋다. 배울 건 배워야 한다. 배우고 알아야 이긴다. TV를 보라. 일본에서 배웠다. 고개를 숙여가며 기술을 익혔다. 지금은 한국이 세계최고다. 일본의 TV산업은 문을 닫았다. TV만이 아니다. 다른 가전제품도 그렇다. 한국제품이 세계를 주름잡고 있다. 일본제품을 오래전에 눌렀다. 일본 가전산업은 존재감이 없어졌다. 반도체도 입장은 마찬가지다. 일본에 구걸하다시피 했다. 우리 좀 도와 달라 부탁했다. 하나하나 깨우쳐가며 노력하다 보니 입장이 바뀌었다. 전세가 역전됐다. 객관적으로 판단해 보자. 반도체 최강국이 어디인가. 대한민국이다. 세계제일이다. 세계 반도체 시장을 석권하고 있다. 자랑스럽다.

조선업도 마찬가지다. 일본의 기술을 배웠다. 지금은 어떠한가. 한국산 배가 오대양을 누비고 있다. 세계 최고의 기술력을 갖고 있다. 각국의 선주가 한국산 배를 원하고 있다. 일본은 이미 한국의 상대가 아니다. 기술력 차이가 크게 벌어졌다. 딱 어울리는 말이 있다. 청출어람(靑出於藍)이다. 일본에게 한국은 두려움의 대상이다. 한 수 아래의 국가가 아니다. 경쟁 국가로 성장했다. 이런 현상은 어떻게 생겼을까. 배워서 이뤄냈다. 자존심을 버리며 배운 결과다. 자존심이 밥 먹여주지 않는다. 자존심을 버렸을 때 배가 불러온다. 후손에게 희망을 준다. 세계제일이 된다. 정상에 설 수 있다. 그때까지는 머리를 조아려도 된다. 일본이 수출규제를 했다. 어려움이 따른다. 당장은 힘들지만 오히려 잘됐다. 이번이 기회. 국민의 의식이 바뀌었다. 자립의 발판을 마련할 수 있다. 한국인은 해낼 수 있다. 긴자의 오뎅집을 소개했다. 이유가 있다. 문화재의 소중함을 알리고 싶어서다. 역사의 수레바퀴는 돈다. 자그마한 소품도 귀히 여기자. 그것이 역사고 유물이다. 선조의 유산이다. 혼을 잃어버린 민족에게 희망은 없다.

서울역그릴은 한국 최초의 경양식 식당이다. 아직도 있다. 서울역 신청사에 있다. 장소도 바뀌었고 모습도 변했다. 개인이 운영하고 있다. 옛 모습은 다 없어졌다. 이름만 이어져 오고 있다. 지나간 세월의 흔적을 간직한 채.

국내외 교류의 장
외교구락부

구락부는 클럽의 일본식 표현이다. 외교구락부는 아픔의 장소였다. 남산 중턱에 있었다. 일제강점기 헌병대장 관사로 쓰인 장소였다. 1949년 정치인들이 힘을 모아 만들었다. 국내외 인사의 교류를 위해. 신익희, 조병옥, 장택상, 윤치영 등이 힘을 합쳤다. 서양식 레스토랑으로 문을 열었다. 외국 외교관이 주로 사용했다. 국내 정치인도 발걸음이 잦았다. 국무회의도 열렸다. 교통이 불편해 승용차 이용이 필수적이었다. 남산 중턱까지 걸어가기가 힘들었다. 승용차가 귀한 시절이었다. 권력과 돈이 없으면 출입하기 어려웠다. 음식 값이 가장 비쌌다. 한때는 일반인 출입이 금지됐다. 보안문제로 출입이 까다로웠다. 일반인의 불만이 커져 나중에 다른 건물을 세웠다. 일반인의 출입을 위해. 외교구락부는 정치인만 사용한 게 아니다. 체육인, 예술인, 연예인, 종교인도 자주 찾았다. 외교구락부는 1999년 문을 닫았다. 경영상의 어려움을 극복하지 못하고. 흘러가는 세월과 함께 떠났다.

1960년대 외교구락부에서
열린 시정환담회
/ 서울사진아카이브 제공

함박스테이크가 유명했던
호수그릴

무교동에 있었다. 함박스테이크를 잘했다. 화려하지 않았다. 분위기가 그럴 수밖에 없었다. 모이는 사람들이 그랬다. 권력과는 거리가 먼 문화인들이 모였다. 낭만으로 가득 찼다. 문화행사가 자주 열렸다. 문화행사는 호수그릴로 인식됐다. 시낭송이 열릴 때면 숨소리마저 죽였다. 시인의 낭송만이 적막을 깨뜨렸다. 진지한 토론이 분위기를 뜨겁게 달궜다. 정중동의 분위기였다. 차분하면서 역동적이었다.

호수그릴은 또 다른 모임으로 인기가 높았다. 공무원과 민간인의 만남의 장소였다. 공무원은 민간인 만나길 꺼린다. 아무래도 부담이 간다. 공개된 장소가 필요했다. 간단히 식사하기에 적합했다. 편안한 분위기도 제격이었다. 친근감을 줄 수 있었다. 격의 없이 대화가 이어졌다. 자연히 민원도 해결됐다. 호수그릴은 만찬 장소로도 인기였다. 가족이 많이 왔다. 집 분위기를 그대로 느낄 수 있었다. 양식을 즐기기에 최적이었다.

돈가스를 먹으려 찾았던
미장그릴

일제강점기 말엽에 문을 열었다. 충무로에 있었다. 진고개 시작 지점이었다. 지금의 세종호텔 부근이다. 일본인이 많이 살았다. 자연히 일본 손님이 많았다. 돈가스가 유명했다. 돈가스는 일본음식이 아니다. 일본식으로 발전됐다. 원래는 미국음식이다. Pork Cutlet이다. 일본인은 발음이 잘 안 된다. 일본식으로 편히 불렀다. 돼지 돈(豚)자를 붙여 돈가스라 했다. 미장그릴은 음식 값이 쌌다. 부담이 없었고 손님도 다양했다. 고위직 공무원이 자주 찾았다. 기업가의 발길도 잦았다. 특색 있는 손님들이 있었다. 기생이 많이 이용했다. 기생은 금전적 여유가 있었다. 손님의 신분이 높았다. 자연히 신문물에 눈을 뜨게 됐다. 서양식 분위기, 서양음식을 찾아 나섰다. 적합한 양식당이 있었다. 미장그릴이었다. 개화기의 양식당은 서울역그릴만 남아있다. 그마저도 옛 모습은 아니다. 완전히 바뀌었다. 나머지 세 곳은 없어졌다. 흔적도 없이 사라졌다. 역사의 뒤안길로 숨어 버렸다.

중식당으로 유명했던 명소
취영루·중화루·태화관·아서원

한국과 중국은 깊은 관계다. 예로부터 그랬다. 중식당은 중국대사관을 중심으로 발전했다. 그 동네에 차이나타운이 생겼다. 당시에는 대만이 중국을 대표했다. 자유중국이라 불렀다. 지금의 중국은 중공이라 칭했다. 이제는 중화인민공화국으로 부른다. 명동2가에 있다. 대사관의 주인이 중화인민공화국으로 바뀌었다. 건물은 그대로 있다. 대만과의 단교, 중국과의 수교로 상권도 변했다. 명동에서 북창동으로 바뀌었다.

중식당으로 유명했던 명소가 있다. 몇 곳이 대표적이다. 음식점마다 특색이 있다. 대표 음식으로 사랑받았다. 취영루는 물만두로 유명했다. 사람들이 줄을 섰다. 부드러운 식감으로 입안을 녹였다. 담백한 만두소는 입맛을 돌아오게 했다. 만두에서 터져 나오는 국물 맛도 일품이었다. 먹기도 편했다. 한 입에 쏙 들어갔다. 중화루도 빼놓을 수 없다. 탕수육이 대표음식이다. 겉이 바삭하다. 튀김의 정석을 보여주는 듯하다. 고기의 식감도 뛰어나다. 센 불에 바싹 튀겨내는 비법이다. 중화루에는 술손님도 많았다. 탕수육을 그냥 먹기 아까웠다. 술이 따랐다. 고량주였다. 탕수육에 고량주. 최상의 궁합이다. 태화관도 있었다. 지금은 없다. 태화기독사회관으로 바뀌었다. 일제 강점기 말엽에 개업해 20여년 정도 운영했다.

1960년대에 제일 유명했던 중식당이 있었다. 아서원이다. 지금의 롯데호텔 자리에 있었다. 다른 중식당처럼 대표음식이 없었다. 두루두루 잘했다. 다양한 중국음식을 맛볼 수 있었다. 사교모임으로도 자주 이

용됐다.

대표적인 커플모임도 이뤄졌다. 길옥윤과 패티김의 첫 만남장소였다. 두 사람의 중매가 이뤄졌다. 아서원은 식당이자 사교 장소였다. 유명인의 사랑방 역할도 했다.

주한중국대사관 근처의
중화요리 식당들

6
CHAPTER

진짜 서울토박이가 말하는
서울,

그 여섯번째 이야기

정치와 경제의 은밀한 만남
서울의 요정

서울은 모든 문화의 중심지다. 특히 정치와 경제의 요충지다. 정치와 경제에는 은밀한 모임이 필수적이다. 그런 필요성을 채워준 장소가 요정이다. 요정은 정치인과 함께 성장했다. 정치와 요정은 떼려야 뗄 수 없었다. 현대 정치사의 길목에는 요정이 함께 했다. 주요 정책이 요정서 논의되고 해결책이 나오기도 했다. 경제인도 마찬가지다. 기업을 하려면 정치인의 도움이 필요했다. 기업인은 정치인을 만났다. 그들만의 은밀한 대화를 위해. 요정은 그 장소를 제공했다.

요정에는 아리따운 여인들이 있었다. 속칭 기생이라 불렀다. 한복을 곱게 차려입고 손님을 맞았다. 고관대작의 수발을 들었다. 경제인의 푸념도 함께 들어줬다. 기생은 사연도 많았다. 국가경제에도 이바지 했다. 어려웠던 시절이었다. 나라가 가난했다. 그들도 생활인이었다. 집에는 먹을 거리가 부족했다. 병든 부모님의 약값도 없었다. 동생의 학비를 벌어야 했다. 일본인에게 웃음을 팔았다.

일본인은 한국을 자주 찾았다. 기생관광을 즐겼다. 예쁜 한국여인을 탐하려 했다. 온갖 수모를 참아냈다. 사회문제로 떠올랐다. 국제적 망신도 당했다. 없던 시절의 이야기다. 점차 기생의 설자리가 없어졌다. 나라가 잘 살게 되고 사회도 깨끗해 졌다. 밀실에서 의논할 일이 줄어들었다.

이제는 기생도 사라졌다. 아직도 기생에 대한 부정적 생각이 있다. 의식을 바꿔야 한다. 그녀들도 어려운 시대의 희생양이었다고. 물론 일탈이 있었을 수도 있다. 그 정도야 어느 사회에도 다 존재한다. 중요한 것이 있다. 논개를 욕하는 한국인은 없다. 그녀들도 논개의 후손이었다.

신윤복의 <풍속도>

정치인의 사랑방
청운장

유명해진 이유가 있었다. 모든 정치인이 거쳐 갔다. 정치인의 단골 장소였다. 기사에 꼭 나왔다. 기사를 쓰게 되면 꼭 청운장이라고 밝혔다. 지금은 간접광고를 막기 위해 기사에 상호를 안 쓰지만 그때는 그대로 밝혔다.

정치인이 청운장에 모인 이유가 있다. 경무대와 가까웠다. 경무대가 현재의 청와대다. 지금의 청운동에 있었다. 정치인들의 속성인지도 모른다. 최고 권력자와 가까이 있고 싶어서일까. 속내는 모를 일이다. 관공서도 몰려 있었다. 정치인과 공무원은 만날 일이 많았다. 업무협의를 많이 했다. 주요현안도 해결했다.

또 다른 매력이 있었다. 예쁜 기생이 많았다. 남자의 발길이 잦아졌다. 아직도 의문이 있다. 음식 값이 엄청 비쌌다. 공무원은 박봉이었다. 정치인도 돈이 없었다. 어떻게 술값을 냈을까. 풀리지 않는 수수께끼다. 독자들의 상상에 맡긴다.

기생 / 국립중앙박물관 제공

숨바꼭질을 하게 한
오진암

일화가 많은 요정이었다. 웃지 못 할 일이 많이 벌어졌다. 정치인과 기업인이 자주 만났다. 오진암에는 비밀 문이 있었다. 피신용 뒷문이다. 모든 요정은 비상문을 설치했다. 우연한 만남을 방지하기 위해. 직접 눈으로 봤던 일화다. 기자 시절 얘기다. 어느 모임에 초대를 받아 갔다. 우연히 고위 공무원을 만났다. 우리와는 다른 모임이었다.

당황한 모습이었다. 분주히 움직이더니 부리나케 사라졌다. 뛰는 모습이 육상선수 같았다. 나중에 알았다. 종업원이 귀띔을 해줬다. 더 높은 분이 오신다고. 계급사회의 모습을 실감나게 목격했다. 사라진 모습을 보며 생각했다. 방 안에 남아있을 상대방의 심정이 어땠을까 하고.

사찰에서 요정으로 변모한
선운각

선운각은 원래 절이었다. 절이 요정으로 바뀌었다. 우이동에 있었다. 도선사 입구였다. 다른 요정은 시내에 있었다. 우이동은 1960년대엔 시골이었다. 장소가 멀리 떨어져 있었다. 접근성이 나빴다. 그래도 손님이 줄을 섰다. 비밀 보장엔 최고였다. 당시에는 차도 드물던 시절이었다. 시골길을 달려야 했다. 차 없이는 가기도 힘들었다. 1960년대 말에 흥행했다. 1970년대 초까지 이어졌다. 시내의 요정들을 제쳤다. 한국에서 제일 큰 규모였다. 요정 가운데 최대 매출을 기록했다.

청정도량으로 바뀐
대원각

성북동에 있었다. 고급요정이었다. 수많은 정객이 드나들었다. 지금은 청정도량으로 바뀌었다. 길상사다. 도심 속의 사찰이 돼 평안함을 주고 있다. 법정 스님의 무소유 사상을 펼치고 있다.

여장부 김영한이 운영했다. 법명은 길상화다. 법정 스님에게 법명을 받았다. 기생 출신이다. 기명은 자야였다. 시인 백석의 애인이었다. 중앙대 영문과 출신의 엘리트다. 평생을 독신으로 살았다. 마음속의 연인 백석을 가슴에 안고. 김영한은 한 권의 책을 읽고 인생관을 바꿨다. 법정 스님의 무소유를 읽고 감동받았다. 참회의 눈물이 쏟아졌다. 대원각에 퍼져있는 업보를 씻고 싶었다. 기생의 아픔을 위로해 주고 싶었다. 간드러진 웃음소리. 가슴을 부여잡고 흘리던 눈물. 참지 못해 내뱉었던 한탄의 숨소리. 모든 것이 주마등처럼 스쳐갔다.

그녀들에게 맑은 영혼을 주고 싶었다. 법정 스님 앞에 무릎을 꿇었다. 사찰을 세워달라고. 대원각에 청정의 법음을 내려달라고. 맑은 종소리를 펼쳐달라고. 대원각을 내던졌다. 1995년 송광사에 시주했다. 평생 모은 재산을 내놓았다. 현재 시가로 천억이 넘는 돈이다. 아무런 미련도 없었다. 모든 것을 훌훌 털어 버렸다. 인생무상. 육신의 탈을 벗었다. 영혼의 안식을 찾았다. 백석을 찾아 먼 길을 떠났다. 외로운 길이었을까. 무서웠을까. 아닐 게다. 아주 평안했을 것이다. 환희에 찬 영생의 길이었을 게다. 그리운 백석을 보러가는 길이라. 김영한은 평소 천억의 돈도 백석의 시 한 줄보다 못하다고 했다.

요정 대원각은 없어졌다. 말 못할 아픔도 사라졌다. 길상화 보살의 뜻이 법력을 발휘했다. 부처님의 자비심으로 가득 차있다.

길상사

비밀스런 모임이 이뤄진
비밀요정

비밀요정이 무엇일까. 말 그대로다. 비밀스럽게 운영됐다. 요정과 똑같았다. 오히려 시설은 더 좋았다. 기생도 나왔다. 일반 요정과 다른 게 있다. 은밀하게 운영했다. 예약제로 손님을 받았다. 철저하게 지켜졌다. 신분노출을 꺼리는 사람이 고객이었다. 가정집처럼 꾸며 놓았다. 들어가면 구조가 복잡했다. 통로가 미로였다. 길 찾기가 어려웠다.

이태원 유엔빌리지 안에 있었다. 한남동 골목에도 많았다. 회현동, 숭인동, 동숭동, 돈암동에도 존재했다. 특징이 있었다. 주차장이 멀었다. 요정 앞에 차를 세우지 않았다. 먼 곳에다 차를 세워 놓았다. 손님이 걸어서 들어가기도 했다. 요즘의 발렛파킹 식이었다. 비밀요정의 정체를 숨기기 위해서다.

불문율도 있었다. 여러 손님을 받지 않았다. 하루에 한 팀만 받았다. 먼저 가격을 정해놓고 예약했다. 술값이 매우 비쌌다. 비싸도 문전성시였다. 인기절정이었다. 예약하기가 쉽지 않았다. 인기를 끄는 이유가 있었다. 최상의 서비스를 받았다. 남에게 신경 쓸 일이 없었다. 자신만의 공간을 즐겼다. 비밀스런 만남이 필요했다. 재력가가 주로 이용했다. 이제는 사라진 풍속도다.

1960-70년대 권력자들이 다녔던
카페

카페는 생소한 단어였다. 1960~70년대에는. 그 당시 카페에는 권력자들이 다녔다. 재계 총수들이 출입했다. 고급 사교장이었다. 정치인과 기업인이 만나는 장소였다. 지금의 카페와 개념이 다르다. 술값도 비쌌다. 술 종류도 양주만 제공했다. 그 시절에는 구하기 힘든 술이었다. 아가씨도 있었다. 옆에 앉아 술시중을 들었다.

서울에는 카페 양대 산맥이 있었다. 카페 발렌타인과 라 칸티나였다. 여주인의 성격도 대조적이었다. 발렌타인의 주인은 김봉숙이었다. 별명이 KBS이었다. 이름의 영문 첫 자를 따서 불렀다. 남자 같았다. 호탕했다. 거침이 없었고 술이 두주불사였다. 손님과 술잔을 기울이기도 했다. 손님이 먼저 취했다. 술을 마셔도 흐트러짐이 없었다. 손님의 편안한 말상대였다. 지금은 없어졌다.

라 칸티나 주인은 김미자 이었다. 김봉숙과 달랐다. 술을 한 잔도 못했다. 성격도 차분했다. 조용히 웃으며 손님을 대접했다. 외유내강이었다. 제주도 출신이다. 대표적 제주여인상이다. 생활력이 정말 강했다. 고향에 대한 애정이 상상을 초월했다. 미스코리아 선발대회가 있으면 매우 바빴다. 미스 제주 출신을 극진히 보살피며 용돈도 줬다. 제주 출신들에게 최상의 요리를 먹였다. 기름진 음식을 제공했다. 결국 탈이 나서 설사들을 했다. 평소 못 먹던 음식을 먹은 후유증이었다.
라 칸티나는 지금도 영업을 한다. 업종이 바뀌었다. 이태리 식당으로 전환했다.

김미자는 라 칸티나를 접은 뒤 미국으로 이민을 갔다. 안과의사와 결혼했다. 남편은 모 대통령의 눈 수술을 했을 정도로 실력파다. 김봉숙과 김미자. 공통점이 있다. 입이 무거웠다. 정객들은 두 여인 앞에서 정국을 논의 했다. 기업인들도 마찬가지였다.

두 여인은 수많은 비사를 알고 있었다. 정치 경제는 물론이었다. 유명인의 사생활도 깊이 알고 있었다. 절대 발설하지 않았다. 그 시절의 카페가 그립다. 양(兩)김 여인들의 얼굴이 떠오른다.

1983년 마포구에서 개최한 새마을자선다방 행사의 모습
/ 서울사진아카이브 제공

한국·일본·중국문화의 혼합
다방

다방은 언제 생겼을까. 구한말 때 생겼다. 한국·일본·중국의 혼합문화다. 새로운 대중문화의 탄생이다. 조선시대에는 접하지 못했던 신문물이었다. 신문화로 가는 과정이었다. 신문화는 복잡하다. 여러 가지 요소가 혼합된다. 자연스럽게 생기는 현상이다. 한국의 신문화는 더 복잡하다. 전통문화에 일본의 신문화가 겹쳐졌다. 엄밀히 말하면 뜻이 다르다. 일본을 거쳐온 서양문화다. 중국도 우리 대중문화에 영향을 끼쳤다. 이런 소용돌이 속에 생긴 것이 다방이다.

다방문화는 어땠을까. 우선은 사람들이 만나는 장소였다. 다방이 도입된 시기의 사회상은 이랬다. 통신이 발달되지 않았다. 토론의 장이 없었다. 다른 사람의 생활상을 알기가 힘들었다. 새 지식을 얻을 방법이 부족했다. 이웃 사람이 전해주는 소식을 들었다. 신문을 통해서 보기도 했다. 신문마저도 귀한 시절이었다. 대중은 정보 획득에 목말랐다. 다방은 이런 욕구를 채워줬다. 만남의 장소를 제공했다. 정보를 교환하게 해줬고 새 지식을 얻게 했다. 대중의 갈증을 해소해 줬다.
다방은 점차 발전하게 된다. 단순한 모임의 장소에서 벗어났다. 비즈니스화 했다. 사무실 역할을 했다. 사무실이 없던 시절 얘기다. 모든 업무가 다방에서 이뤄졌다. 출근을 다방으로 했다. 퇴근 역시 다방이었다. 커피 한 잔 시켜놓고 업무를 봤다. 하루 종일 다방에서 살았다. 다방은 곧 사무실이었다.

다방은 결혼 문화에도 큰 역할을 했다. 중매를 다방에서 했다. 선남선녀들의 모습이 보였다. 이쪽저쪽이 시끄러웠다. 중매쟁이들의 목소리였다. 처녀들의 수줍은 미소가 어둠 속에 빛났다. 중매의 명소로 꼽힌 다방도 있었다. 성사가 잘 된다고 소문난 다방이었다. 다방은 점차 고객의 다양화를 이뤘다. 학생들이 모이기 시작했다. 손님이 장년층에서

청년층으로 확대됐다. 다방의 운영방식도 변했다. 학생의 취향에 맞췄다. DJ박스를 설치해 음악을 틀어줬다. 옛 노래가 아니다. 팝송을 들려줬다. 시너지 효과가 났다. 학생들의 발길이 부쩍 늘었다. 팝송을 듣기위해. 새로운 직업도 생겨났다. 다방 DJ다. 디스크자키의 약자다. DJ 인기에 따라 매출차이가 크게 났다. 훗날 한국 음악방송 진행자의 거물들이 나왔다. 최동욱. 이종환, 박원웅이다. 이들 모두가 다방 DJ 출신이다. 젊은이의 꿈이었다. 월급은 없었다. 팁을 받았다. 곡을 신청할 때 전달했다. 곡 신청은 메모지로 했다. DJ와 손님들 간의 로맨스도 있었다. DJ를 보기위해 오는 손님도 있었다. 거의 매일 출근하다시피했다. 대부분 여성 손님이었다.

다방 종사자 간에는 규율이 엄격했다. 마담과 레지가 있었다. 마담은 지금의 매니저 역할이다. 레지는 원래 돈 받는 사람이었다. 나중에는 커피와 차를 날랐다. 마담은 한복을 입었다. 손님 옆에 앉아 차를 같이 마셨다. 매상을 올리기 위한 수단이었다. 고객유치의 방법이기도 했다. 레지는 미니스커트를 입었다. 마담과 차이가 있다. 손님 옆에 앉지 못했다. 다방의 성공은 마담과 레지의 영향이 컸다. 마담과 레지는 이동이 잦았다. 스카우트 경쟁이 심했다. 인기인 못지 않았다. 예나 지금이나 변함이 없다. 장사는 종업원이 한다는 게.

다방에는 필수품목이 있었다. 통 성냥이다. 커다란 통에 성냥이 가득 차있다. 지금은 보기 힘들다. 있기는 하다. 손님을 기다릴 때 꼭 필요했다. 성냥개비로 탑을 쌓았다. 쌓다가 무너지면 또 쌓았다. 무료함을 달래줬다. 종업원과 다툼도 있었다. 성냥을 부러뜨릴 때다. 종업원이 싫은 말을 했다. 그만 부러 뜨리라고. 이상한 손님이 있었다. 유독 성냥을 부러뜨렸다. 신기한 일이었다. 이제는 그 모습마저 그리워진다.
다방에서는 여러 종류의 차를 팔았다. 커피. 홍차, 위스키 티, 쌍화차 등등 다양했다. 한국에서 만든 커피도 있었다. 콩피였다. 낯설 것이다. 프랑스 음식 같은 느낌일 게다. 아니다. 콩을 갈아 맛을 낸 커피다. 순수 한국산이다. 지금은 찾을 수 없다. 커피가 귀하던 시절 이야기다. 추억의 맛이다.

1970년대에 새로운 커피가 도입됐다. 비엔나와 아메리카노다. 비엔나커피가 먼저 들어왔다. 위스키를 타 마셨다. 커피 중 유일하게 위스키를 타 마실 수 있다. 크게 유행했다. 위티도 있었다. 홍차에 위스키를 탔다. 도리스(DORIS) 위스키였다. 대단한 인기를 끌었다. 나중에 도라지 위스키로 바뀌었다.

달걀 반숙도 인기였다. 달걀 반숙에는 씁쓸한 사연도 있다. 돈 없는 사람들의 사연이다. 커피 시킬 돈이 없었다. 자리 값은 해야 했다. 배도 고팠다. 점심 겸해서 시켰다. 달걀마저 귀하던 시절이었다. 의외로 달걀반숙을 많이 시켜 먹었다. 그 시절의 생활상이다.

웃지 못할 일화도 많았다. 홍차를 마실 때 생겼던 일이다. 홍차 티백 사용법을 몰랐다. 티백을 찢어 내용물을 물에 넣어 마셨다. 커피를 마실 때도 촌극이 벌어졌다. 모닝커피도 팔았다. 아침에 주로 팔았다. 커피에 달걀노른자를 띄워 줬다. 노른자를 안 넣으면 큰소리가 났다. 나는 왜 모닝을 안 주냐고. 노른자를 모닝이라 알았던 거다.
다방에 종종 경찰이 출동했다. 풍기문란 신고를 받아서다. 다방은 대체로 어둠침침했다. 남녀들이 자주 찾았다. 나이에 상관이 없었다. 쌍쌍이 온 손님은 주로 구석진 곳에 앉았다. 마주보고 앉지 않았다. 옆에 바짝 붙었다. 시간이 흐르면 점점 가까워 졌다. 끝내 키스를 하고는 했다. 다른 손님이 가만있지 않았다. 종업원도 일부 그랬다. 경찰에 신고를 했다. 풍기문란이라고. 대부분이 훈방조치를 받았다. 종종 벌금형을 받기도 했다. 지금은 상상도 못할 일이다. 그때도 이런 생각이 들었다. 그냥 눈 좀 감아주지.

다방은 서울과 부산에서 시작됐다. 서울에는 큰 다방들이 생겨났다. 주로 명동에서 번창했다. 명동에 비너스 다방이 있었다. 영화배우 복혜숙 씨가 운영했다. 종로1가에 제비 다방이 있었다. 천재시인 이상이 주인이었다. 두 다방은 손님으로 북적댔다. 지식인 문화인의 사랑방이었다. 은하수 다방도 사람이 많았다. 이름처럼 사람이 모여들었다. 푸른 하늘 은하수 같았다. 돌체 다방도 명소였다. 나중에 음악 감상실로 전환됐다.

[음악 감상실. 대중문화의 선구자 쎄시봉]

다방에서 발달했다. 한국대중문화의 선구자다. 르네상스, 쎄시봉, 쉘부르, 돌체, 청기와 디 쉐네가 유명했다. 규모는 르네상스가 제일 컸지만 영향력은 쎄시봉이 컸다.

명동에 있다가 무교동으로 이전했다. 유명 가수를 많이 배출했다. 새로운 문화도 창출했다. 초기에 유명가수들이 공연을 했다. 패티김, 이미자, 최숙자, 현미, 한명숙, 이금희, 박재란, 신중현과 에드포 등이다. 보컬 그룹도 있었다. 포 클로버스다. 최희준, 박형준, 위키 리, 유주용으로 구성됐다. 쎄시봉은 초기에 대중가요 가수의 공연장이었다. 쎄시봉은 포크 가수의 데뷔 무대였다. 이름만 들어도 화려하다. 조영남, 윤형주, 송창식, 이장희, 김상희 등이 쎄시봉 출신이다. 이들은 1970년대 한국문화를 주도했다. 과거와 완전 다른 문화였다. 격식에서 벗어나려 했다. 권위의식을 떨치려 했다.

청바지를 입고 기타를 둘러맸다. 머리를 길게 기르고 외국 곡을 불렀다. 번안가요로 팬들을 사로잡았다. 기존의 음악 장르와 달랐다. 새로웠다. 신선했다. 자유스런 영혼을 찾은 듯했다. 70년대는 암울했다. 사회가 어두웠다. 독재에 억눌려 있었다. 어딘가에서 탈출구를 찾고 싶었다. 독재에 항거하고 싶었다. 쎄시봉 가수들은 음악을 통해 길을 제시했다. 청춘들은 열광했다. 그들을 따라했다. 기타가 불티나게 팔렸다. 여기저기서 기타소리가 들렸다. 캠퍼스에 모여 앉아 기타를 쳤다. 골목에서도 기타 줄을 튕겼다. 산동네의 고달픈 삶도 기타 소리가 위로해줬다. 밤바다에도 울려 퍼졌다. 합창소리와 함께. 밤바다의 파도소리도 화음을 맞춰줬다.

거리는 푸른색 물결이었다. 청바지 품귀현상까지 일어났다. 서부개척 시대를 보는 듯했다. 바지만은 그랬다. 미국사회를 옮겨 놨다. 긴 머리도 유행했다. 남자들도 머리를 길렀다. 남녀 구분이 안 될 정도였다. 기성세대는 한숨을 쉬었다. 뭐하는 짓들이냐고. 장발단속이 심했다. 단속경찰과 쫓고 쫓기는 싸움도 했다. 청춘들은 그마저도 즐겼

2015년 발표된 영화 '쎄시봉' (좌) 기타를 치며 노래 연습 중인 송창식(조복래), 윤형주(강하늘), 오근태(정우). (우) 트리오 쎄시봉의 무대를 보고 있는 민자영(한효주)와 관객들. / CJ Entertainment 제공

다. 독재에 대한 저항수단으로. 쎄시봉의 가수들도 수난을 당했다. 장발의 원조로 인식돼 방송출연이 금지됐다. 대마초 사건으로 감옥에도 갔다. 그들의 잘잘못은 논외로 하자. 그들이 대중문화에 끼친 영향은 인정하자.

쎄시봉의 위상은 대단했다. 성점감상실이 있었다. 노래를 평가하는 제도다. 기존의 곡들을 평가했다. 초대받은 가수가 노래를 듣고 점수를 매겼다. 노래를 부른 가수는 긴장했다. 평가 점수에 신경을 곤두세웠다. 곡의 운명이 결정될 수도 있었다. 신곡합평회도 있었다. 신곡이 나오면 갖고 와 평가를 받았다. 좋은 점수가 나오면 앞길이 밝았다. 쎄시봉이라 가능했던 일이다. 쎄시봉은 단순한 음악 감상실이 아니었다. 한국 대중문화의 산실이었다.

오비스캐빈도 사랑받았다. 무대와 객석이 있었다. 1970년대에는 신선한 충격이었다. 가수와 관객이 함께 할 수 있었다. 그룹사운드를 무대에 세웠다. 키보이스 등이 활동했다. 당시에는 그룹사운드가 100여 개에 이르렀다. 하트 투 하트도 있었다. 조용한 멜로디의 노래를 불렀다. 그룹사운드 분위기와 달랐다. 이석, 은희 등이 무대에 올랐다. 통기타를 쳤다. 잔잔한 음악이 흘렀다. 애플와인을 주로 마셨다. 연인이 많이 찾았다. 분위기 잡기 좋은 장소였다.

[극장식 비어홀]

이름 그대로다. 맥주를 마셨다. 춤은 안 추고 공연을 보았다. 영화를 보듯이. 1950년대 말에 드물게 있었다. 1960년대에 폭발적 인기를 끌었다. 몇 곳이 유명했다. 역사의 장소도 있었다. 미스 싸롱이라는 비어홀이다. 당시에는 살롱을 싸롱이라 했다. 5·16의 산실이다. 김종필, 박종규 등이 작전회의를 했다. 한 쪽 구석방에 모여 앉아 맥주를 마시며 의논했다. 발각되지 않으려고 모였던 장소였다. 비어홀이 5·16의 주요 역할을 했다.

비어홀은 1970년대에 전성기를 맞았다. 많은 업소가 문을 열었다. 경쟁도 치열했다. 무랑루즈, 엠파이어, 월드컵, 라스베가스, 패시픽호텔 비어홀 등이 유명했다. 무랑루즈가 최고 인기였다. 코미디언 이주일이 출연했다. 이주일의 인기는 상상을 초월했다. 남녀노소 구분 없이 모두가 좋아했다. 이주일의 말 한마디는 유행어가 됐다. 우스꽝스러운 몸짓에 배꼽을 잡았다. 국민체조보다 더 많이 따라했다. 초등학생의 걸음걸이가 바뀌었다. 이주일의 오리걸음 식으로. 국민은 TV에 모여 앉았다. 이주일의 코미디를 보기 위해.

이주일에게 별명이 있었다. 코미디의 황제라고. 정말 황제 대접을 받았다. 여기저기서 붙잡으려 했다. 시간이 없었다. 눈코 뜰 새가 없었다. 그런 이주일이 무랑루즈에 출연했다. 흥행은 떼 논 당상이었다. 무랑루즈는 문전성시였다. 인산인해였다. 이주일 쇼를 보려고 계를 만들었다. 전국에서 올라왔다. 시골 아낙네도 바쁜 일손을 멈췄다. 이주일이 무대에 서면 난리가 났다. 환호와 웃음과 박수소리가 요란했다. 이주일은 손님에게 기쁨을 주고 웃음을 선사했다. 국민 코미디언 이주일은 세상을 떠났다. 60대 젊은 나이에. 모두에게 웃음을 안겨주고 이별했다. 정말 안타까운 일이다.

월드컵도 손님이 많았다. 돈을 꽤 벌었다. 정 아무개 사장이 특이했다. 월드컵 선수들을 돕겠다고 했다. 월드컵으로 돈을 벌었다고. 얼마나 도왔는지는 모를 일이다. 연예사업에서는 큰일도 했다. 가수를 육성하겠다고 했다. 월드컵 엔터프라이즈를 설립했다. 지금의 SM 등 연예기획사 형태였다. 선견지명이 있었다. 신인가수 선발도 했다. 이때 발굴된 가수가 혜은이다. 신인선발대회에 1000여 명이 모였다. 조그맣고 예쁜 지원자가 있었다. 목소리도 특이했다. 약간 허스키 했다. 김승주였다. 혜은이의 본명이다.

1960~70년대 지면에 실린 월드컵 비어홀 광고
/ 블로그 <추억으로 가는 사진> 제공

[나이트클럽. 카바레(댄스홀)]

나이트클럽과 카바레는 구분돼야 한다. 나이트는 술 마시고 춤추는 곳이다. 접대 여성이 준비돼 있었다. 속칭 호스테스라 불렸다. 본래 뜻과는 아주 다르게 사용됐다. 남자가 주를 이뤘다. 놀러온 여자와 짝을 이루기도 했다. 카바레는 오직 춤을 추기위해 생겼다. 무도장의 공간이다. 한국에서는 잘못된 인식이 있다. 본래의 뜻과 다르게 운영됐다. 주부가 많이 드나들었다. 장바구니를 맡겨놓고 춤을 췄다. 가정파탄 사건도 많았다. 사회문제가 되기도 했다.

1960~70년대에 호텔이 많이 세워졌다. 호텔 맨 윗 층에 나이트클럽이 생겼다. 당시에는 그랬다. 조선호텔, 국제호텔에 나이트클럽이 문을 열었다. 수준 높은 나이트클럽으로 인정받았다. 국제호텔에는 유명 연예인이 활동했다. 길옥윤, 이봉조, 엄토미 씨가 악단을 이끌었다. 5인조 소규모 악단이었다. 길옥윤은 모든 악기를 잘 다뤘다. 이봉조는 색소폰의 권위자였다. 엄토미는 클라리넷의 달인이었다. 엄토미는 영화배우 엄앵란의 작은아버지이기도 하다. 음악인에게 나이트클럽은 주요 수입원이었다. 연습할 수 있는 중요한 장소였다. 음악인에게 삶의 터전이었다. 다른 나이트클럽도 많았다. 뉴서울 나이트클럽. 지금은 없어졌다. 서울시청 부근에 있었다. 유엔센터, 아스토리아 호텔, 대연각 호텔, 천지호텔에도 있었다.

나이트클럽은 경제부흥과 함께 번창했다. 한국은 1965년 월남전에 참전했다. 경제가 좋아지며 돈이 시중에 많이 풀렸다. 갑자기 돈을 버는 사람이 많아졌다. 졸부들이 돈 쓸 곳을 찾았다. 나이트클럽은 그들을 목표로 했다. 나이트클럽의 성패는 단 한 가지였다. 접대여성이 예쁘면 됐다. 졸부들은 불나방처럼 몰려들었다. 여성의 마음을 빼앗기 위해. 나이트클럽의 경쟁이 치열했다. 최고의 마담을 데려오기 위해. 능력 있는 마담의 조건은 간단했다. 예쁜 여성을 많이 거느리는 것이다. 거래 손님이 많으면 됐다. 당시에는 마담이 접대여성과 함께 이동했다. 업계에서는 사단이라 불렀다. 거액의 스카우트비를 주며 유혹했다. 새로운 가게가 문을 열 때면 더 심했다. 뺏으려고. 빼앗기지 않으려고. 동물의 세계 같았다. 돈이 문제가 될 수 없었다. 사업의 성패가 달려있었다.

나이트클럽계에 전설적인 여인이 있었다. 사교계의 여왕이었다. 현수미였다. 물론 가명이다. 큰 사단을 끌고 다녔다. 뛰어난 미모의 여성이 사단을 이뤘다. 정말 미인이 많았다. 그 중에는 훗날 최고의 톱스타가 된 여인도 있다. 현수미가 가는 곳엔 손님이 들끓었다. 벌떼처럼 현수미를 따라 다녔다. 뭇 남성의 마음을 사로잡았다. 모 저명인사의 무남독녀. 아버지도 낭만파였다. 문화, 예술, 스포츠 등 다방면에 뛰어났다. 의리파로 이름을 날렸다. 매너도 좋았다. 선후배의 신뢰를 한 몸에 받았다. 모든 민원을 해결해 줬다. 인맥이 탄탄했다. 전화 한 통이면 모든 게 술술 풀렸다. 술값도 혼자 냈다. 돈이 많은 것도 아니었다. 어디를 가도 외상으로 내줬다. 두주불사였다. 낮에부터 술을 마셨다. 이런 일도 있었다. 후배를 데리고 술집에 갔다. 처음 가는 술집이었다. 돈이 없었다. 외상을 하자고 했다. 안 된다고 했다. 양복을 벗으라고 했다. 정말 벗었다. 새벽에 팬티 바람으로 뛰었다. 친구에게 돈을 빌려 갚았다. 주인이 깜짝 놀랐다. 언제든 오시라고 했다. 단골집이 됐다. 서울시내 술집을 섭렵하며 다녔다. 유일하게 안 가는 곳이 있었다. 나이트클럽이었다. 딸과 마주치기 싫어서다. 애비의 애틋한 부성애였다. 현수미도 아버지와 같았다. 아주 예쁘고 상냥했다. 배짱이 두둑했다. 주위 사람의 어려움을 지나치지 않았다. 스스로 해결사 역할을 했다. 자신의 일을 부끄러워하지 않았다. 아버지와의 관계도 스스럼없이 밝혔다. 아버지도 딸의 직업에 뭐라 하지 않았다. 맡은 직업에 충실하길 바랐다. 부전여전이다.

카바레의 효시는 국일관이다. 종로1가에 있었다. 지금도 있다. 업종은 바뀌었다. 종로에는 다른 카바레도 영업을 했다. 1, 2, 3이었다. 속칭 원 투 쓰리라 불렀다.

타워호텔 카바레도 성황을 이뤘다. 대연각 호텔 무학성 카바레도 손님을 받았다. 1층에 있었다. 호텔에 카바레가 있다는 게 신기한 일이었다.

카바레의 대명사는 따로 있다. 미도파 카바레였다. 미도파 백화점 5층에 있었다. 박인수 사건으로 유명해졌다. 박인수는 1960년대 초반 카바레에서 만난 여인들과 간음했다. 불과 1년 사이에 70여 명의 여인을 농락했다. 박인수는 미도파를 비롯한 여러 카바레에서 여인들을 만났다. 박인수는 간음혐의로 구속됐다. 한국판 카사노바 사건이었다. 소설 자유부인의 소재가 되기도 했다. 정비석 씨의 작품이었다. 법정의 판결은 모두를 놀라게 했다. 1심을 맡은 판사는 무죄를 선고했다. "법은 정숙한 여인의 건전하고 순결한 정조만 보호할 수 있다"고 판시했다. 사회적 반향이 큰 판결이었다. 카바레는 아직도 부정적 인식이 크다. 처음 시작할 때부터 음지에서 출발했다. 건전한 무도장으로 출발하지 못했다.

7
CHAPTER

진짜 서울토박이가 말하는
서울,
그 일곱번째 이야기

추억과 함께 사라지다
서울의 극장

일제 강점기에 문을 열었다. 영화와 연극을 볼 수 있었다. 버라이어티 쇼도 공연했다. 노래, 코미디, 연극이 포함됐다. 신파극으로 관객을 울리기도 했다. 극장에서 나라 잃은 설움을 씻기도 했다. 영화를 보며 울기도 했다. 연극을 보며 함께 분노했다.

극장은 식민백성의 분출구였다. 종로를 중심으로 발달했다. 최초의 극장도 종로에서 출발했다. 원각사였다. 지금의 탑골 공원 부근에 있었다. 눈물의 역사다. 연극을 공연했다. 일제는 대부분 연극 공연을 금지했다. 억압 속에 한국의 극장은 명맥을 이어왔다.

부민관, 시공관이 있었다. 오래 유지되지는 못했다. 그러다 보니 사연도 많았다. 초창기 사연부터 알아보자. 여러 극장이 있었다. 대부분이 없어졌다. 추억과 함께 사라졌다. 단성사, 동양극장, 국도극장, 중앙극장, 스카라극장 아카데미극장, 대한극장, 시네마코리아, 피카디리극장 등이 있었다. 대한극장은 아직도 운영하고 있다. 옛 추억과 함께.

1932

1932년 가수 이애리수가 단성사에서 '황성옛터'를 처음 불렀다. 관객들이 울음을 터트리자 일본경찰들이 공연을 중단시키기도 하였다.

1935

1935년 10월 조선 최초의 발성영화 <춘향전>이 개봉됐다. 당시 발성기술을 조선인이 자체 개발했다는 점에서 의미가 크다.

<서편제>
1993년 개봉한 만여명은 한국

1924

련전>을 제작하였다. 이었던 우정식과 최병룡이 품, 연출, 출연, 기술 된 최초의 작품이다.

<아리랑>의 한장면

1934년 건물 신축

<춘향전>의 한장면

1990년 개봉한 은 한국영화 흥행 관람객 약 67만명

족영화 제1호, <아리랑>개봉

년 10월 1일, 나운규감독의 민족영화 <아리랑>이 됐다. 단성사 앞 종로통은 아리랑을 읊조리는 흐느낌으로 고 있던 날, 조선총독부 신청사에서는 낙성식이 열리고 . 그 날짜가 우연보다는 필연에 더 가까웠을지 모른다.

1926

1939

1939년 일본인이 단성사를 인수하여 '대륙극장'으로 개명하였다가 1946년 해방 후 다시 단성사로 개칭하여 재개관하였다.

대륙극장으로 운영당시 초대권

1977

장미희 주연의 <겨울여자>가 개봉하여 한국영화 흥행 1위. 서울 관람객 약 58만명을 동원했다.

<아리랑> 스태프들

영화박물관으로 탈바꿈하는
단성사

지금은 볼 수 없다. 추억의 극장이다. 민족 극장이었다. 자존심이 대단했다. 최초의 현대식 극장이었다. 처음에는 연극만 공연했다. 경영이 어려워 영화를 상영했다. 유명한 일화가 있다. 초창기 사건이다. 이애리수가 출연했다. 가수였다. 1929년이었다. 황성옛터를 불렀다. 가사의 내용에 뜻이 있었다. 빼앗긴 조국을 찾고 싶었다. 객석이 들썩거렸다. 모두가 울기 시작했다. 종로경찰서에 비상이 걸렸다. 일본 경찰이 출동했다. 관객들을 연행했다. 아무런 이유도 없이 끌려갔다. 이유는 하나였다. 연극을 봤다는 죄였다. 정말 어처구니가 없었던 일이다. 대부분 벌금형을 받고 나왔다. 훈방조치도 있었다. 일본 경찰은 사람들이 모이는 걸 두려워했다. 3.1 운동이 다시 재현될까 겁을 먹었다. 단성사 앞에는 인력거가 즐비했다. 기생 술집 이름을 붙여 놓았다. 영화 본 손님을 모셔오라 했다. 지금의 콜택시 제도였다. 손님은 인력거를 타고 유유히 사라졌다. VIP 손님이었다. 그 당시에 영화를 볼 수 있는 손님은 지체가 높았다. 돈과 권력이 있었다.

단성사는 한국영화사에 새로운 획을 그었다. 간판 문화다. 영화 간판이 단성사에서 시작됐다. 정말 정교하게 그렸다. 신기에 가까웠다. 배우의 모습을 실감나게 그렸다. 실물과 도저히 구별할 수 없었다. 숨소리까지 느낄 정도의 섬세함이 돋보였다.

변사도 유명했다. 단성사의 변사는 최고의 연사였다. 대우도 최고였다. 무성필름을 보며 읊어 나갔다. 변사의 한 마디에 분위기가 요동쳤다. 울다 웃었다. 식민지 설움을 대변해 주었다. 관객이 늘어나자 주변에도 극장이 생겼다. 피카디리, 서울 극장이 문을 열었다. 종로가 극장의 중심지로 자리 잡게 됐다.

반가운 일이 생겼다. 단성사가 다시 태어난다. 영화역사관으로 탈바꿈 한다. 한국영화의 역사를 담게 된다. 오랫동안 기다려 왔던 일이다. 영화인들의 꿈이 이루어지게 됐다. 기대가 된다.

1907년 설립된 한국 최초의 극장 단성사

[대중문화예술의 집합체, 신파극]

대중문화 발전의 원동력이다. 일본의 영향을 많이 받았다. 일본의 소재를 가져다 사용했다. 원래는 영국 작품이다. 일본이 각색을 했다. 신파극의 성공은 변사에 달려있었다. 변사의 말 한마디에 객석이 들썩거렸다. 같이 웃고, 같이 울고, 같이 분노했고, 같이 즐거워했다.

대표적인 작품이 있다. 이수일과 심순애다. 장한몽이라고도 한다. 현재도 널리 알려져 있다. 단성사에서 공연했다. 폭발적 인기를 끌었다. 내용은 이렇다. 대학생 이수일과 심순애는 결혼을 약속했다. 심순애가 변심했다. 돈 많은 김중배에게 시집을 간다. 이수일은 사랑의 배신에 몸서리를 친다. 피를 토하듯 울부짖는다. 피눈물을 흘리며 가슴을 쥐어뜯는다. 돌아선 심순애는 매몰차기만 하다. 누군가 말했다. 여자의 변심은 무죄라고. 죄의식도 없었다. 그 동안의 사랑은 물거품으로 사라졌다. 스쳐간 바람일 뿐이었다. 이수일의 뜨거운 피눈물은 무용지물이었다. 심순애의 얼음장 같은 마음을 녹일 수 없었다. 두 남녀는 마지막 만남으로 이별을 고한다. 심순애의 결혼 전날 밤 대동강 변에서. 변사의 처절한 음성이 장내를 휘감는다. "대동강 변 부벽루에 산보하는 이수일과 심순애 양인이로다. 악수논쟁 하난 것도 오늘 뿐이오. 도보행진 하난 것도 오늘 뿐일세." 관객의 분노가 치밀어 오른다. 여기저기서 한 숨 소리가 난다. 훌쩍 거리는 소리가 들린다. 그 순간만은 모두가 이수일이 된다. 신파극의 맛과 멋이다.

신파극에는 대중문화의 모든 요소가 포함돼 있다. 노래, 연기, 춤, 무대 등의 종합예술이다.

이름이 세련됐던
스카라극장

출범 때 이름은 달랐다. 약초(若草)극장이었다. 이름을 바꿨다. 수도극장으로. 해방 후의 일이다. 나중에 다시 바뀌었다. 스카라극장으로. 바뀐 이유가 재미있다. 극장명이 촌스럽다고 바꿨다.

버라이어티쇼를 많이 했다. 1960년대 후반이었다. 이종철이라는 코미디언이 있었다. 능력이 뛰어났다. 명진, 박응수 콤비가 관객을 휘어잡았다. 요즘 사람들은 잘 모른다. 이종철의 재주를. 팔방미인이었다. 못하는 게 없었다. 이종철의 후배들이 있다. 구봉서, 배삼룡, 송해 등이다. 장소팔, 고춘자의 만담도 공연됐다. 대단한 인기를 끌었다. 한국 코미디 역사의 한 획을 그었다.

스카라극장은 공짜 구경 하기에 적합했다. 도둑구경이었다. 몰래 들어가는 통로가 있었다. 화장실 창문으로 들어갔다. 호기심으로 시작했다. 나중에는 전용통로가 됐다. 꼬리가 길면 밟히게 되는 법. 직원이 눈치를 챘다. 화장실에 대기를 했다. 창문으로 내려오는 즉시 잡아냈다. 한두 명이 아니었다. 엄청 많았다. 줄줄이 사탕이라는 말이 있다. 똑같은 모양새였다. 모두 무릎을 꿇고 있어야 했다. 고개를 숙이고 있었다. 죄인의 모습이었다. 큰 범죄를 저지른 듯했다. 직원의 일장연설이 시작됐다. 한바탕 호통을 쳤다. 교장선생님 모습이었다. 완장 찬 모습에 위엄이 느껴졌다. 더 이상의 위해는 없었다. 낭만의 시절이었다.

서울극장

대중문화예술의 집합체
스카라계곡

스카라극장 부근은 의미가 있다. 대중문화예술의 집합체다. 지금의 명보극장 대각선 건너편에 자리 잡았다. 대중문화예술인들은 말했다. 스카라 계곡이라고. 지금도 그렇게 불린다. 가수, 작곡가, 작사가, 영화제작자, 배우, 감독들이 모두 모였다. 집합장소였다. 다방 술집에서 머리를 맞댔다. 거리에서도 마주쳤다. 오며가며 만났다. 하루에도 몇 번 씩. 충무로와 합쳐서 불리어 졌다. '한국의 할리우드'라고.

서울의 극장 중에 기억해야 할 곳이 있다. 몇 곳이 기억돼야 한다. 부민관이다. 일제말기에 문을 열었다. 지금의 서울시의회 건물에 있었다. 옛 국회의사당 건물이다. 시공관도 중요한 역사의 흔적이다. 명동에 있었다. 국립극장으로 활용됐다. 장소가 너무 좁았다. 지금은 남산으로 옮겼다. 시공관은 현재 예술극장으로 사용하고 있다.

하세가와 극장도 있었다. 소공동에 있었다. 오래 운영되지는 않았다. 이밖에도 우미관, 천일극장도 있었다. 우미관은 김두한의 본거지로 유명했다. 천일극장은 한일극장으로 바뀌었다. 지금은 모두 사라졌다.

명보아트홀

8

CHAPTER

진짜 서울토박이가 말하는
서울,

그 여덟번째 이야기

지금도 치열한 삶의 현장
서울의 시장

시장은 삶의 터전이다. 정이 넘친다. 싸움도 있다. 화해도 한다. 흥정도 이뤄진다. 하루에도 천태만상의 일이 벌어진다. 인생의 축소판이다. 기쁨도 있고 슬픔도 느낀다. 위로도 해준다. 도움도 받는다. 나누기도 한다. 인간사에 꼭 필요한 장소다. 시장을 통해 모든게 거래된다. 도시와 시골에 모두 있다. 서울은 큰 도시다. 도시가 큰 만큼 시장도 많다. 동네마다 시장이 있다. 셀 수도 없다. 규모가 작은 시장, 큰 시장이 있다.

외국에도 널리 알려졌다. 관광객이 몰려든다. 외국인도 구경 온다. 물건도 많이 구입해 경제에 도움이 된다. 서울을 대표하는 시장이 있다. 전통도 있고 역사도 깊다.

한국 최초의 대규모 시장
남대문시장

일제 강점기에 생성됐다. 처음에는 대형시장이 아니었다. 일제 말엽에 규모가 커졌다. 한국과 일본사람이 혼재했다. 모든 생활필수품이 있었다. 특히 식재료가 많았다. 푸줏간(정육점)이 있었다. 싱싱한 고기를 팔았다. 수산시장도 인기를 끌었다. 생선도 싱싱했다. 인천에서 주로 들어왔다. 연평도 조기가 좌판에 놓였다. 굴, 새우젓도 풍부했다. 값도 저렴했다. 생선을 사는 발길이 끊이지 않았다. 지금은 수산시장이 없다. 공연장도 있었다. 짧은 공연으로 고객의 발걸음을 잡았다. 식당이 많았다. 요즘 같은 식당이 아니다. 선술집 형태였다. 음식이 풍부했다. 인심이 좋았다. 술값이 쌌다. 밥도 푸짐하게 줬다. 배고픔을 달래기에 좋았다. 피로를 풀기에도 최고였다. 종류도 다양했다. 골라먹는 재미가 있었다. 식당은 지금도 많다. 그때 그 시절 식당도 있다. 50년이 넘는 식당이다.

남대문시장을 대표한 게 있다. 지게꾼이다. 지게로 물건을 옮겨주는 사람이다. 남대문 지게꾼이라는 말이 있었다. 대단한 집단이었다. 아무나 하지 못했다. 이권이 달려 있었다. 규율도 엄격했다. 마음대로 짐을 질 수 없었다. 순번대로 짐을 졌다. 어려웠던 시절에 생계를 책임져 주었다. 가족의 운명을 짊어지고 있었다. 일자리가 귀하던 시절이었다. 노는 사람에게 말했다. "하다못해 지게라도 지지"라고 했다. 그만큼 쉽게 일할 수 있는 직업이었다. 마지막 생활전선이었다. 세월이 흘러 이동수단도 발달했다. 짐을 편히 나르고 싶었다. 한 번에 많이 옮길 필요성도 생겼다. 리어카가 등장했다. 운송수단의 발전이었다. 우마차도 사용됐다. 소달구지다. 지금은 상상이 안 간다. 서울시내 한복판에 소마차라니. 동화 같은 얘기다.

남대문 시장의 골칫거리도 있었다. 주먹패들이었다. 보스급 주먹은 아니다. 중간급 건달이었다. 패싸움이 수시로 일어났다. 세력싸움이었다. 다행스런 일이 있었다. 절

남대문시장

대 흉기를 사용하지 않았다. 주먹으로만 싸웠다. 낭만이 있던 시절이었다. 걸인도 많았다. 동냥을 달라고 구걸했다. 걸인을 무시하면 안 됐다. 장사를 방해했다. 폭력을 행사했다. 달래는 게 최고의 방법이었다.

명물도 있었다. 동동구리무 장사였다. 크림을 구리무라 불렀다. 수제화장품이었다. 품질은 증명이 안 됐다. 화장품이 귀하던 시절 얘기다. 요즘 같으면 난리가 날 일이다. 머리 하얀 할아버지가 팔았다. 러시아계 사람이었다. 북을 치며 동동 소리를 냈다. 시장사람 모두가 알아봤다. 인사성도 밝았다. 상인들에게 웃음을 줬다. 돈을 꽤 많이 번 것으로 알려졌다. 어쩌면 뷰티 한류의 원조일 수도 있다.

남대문시장은 역사적 의미가 있다. 시장을 중심으로 하나의 도시가 생겼다. 경제의 중추적 역할을 했다. 서울 시민에게 중요한 시장이다. 서울 시민이라면 한번은 가봤다. 시장구경을 하려고 발품을 팔았다. 최초의 대규모 시장이다. 다양한 외국상품을 선보였다. 지금도 수입상품을 많이 판다. 그래서 다른 이름으로 불리기도 한다. 도깨비시장이라 부른다.

의류의 메카
동대문시장

남대문시장과 함께 양대 산맥이다. 남대문시장은 동쪽 사람에게 거리가 멀었다. 북쪽 사람도 마찬가지였다. 교통수단이 별로 없던 시절이었다. 전차와 버스로 다녀야 했다. 차량도 부족했다. 교통이 불편했다. 동북쪽 사람은 가까운 시장을 필요로 했다. 동대문시장이 생겼다. 자생적 발생이었다.

처음에는 조그맣게 출발했다. 남대문시장과 비슷했다. 원래 의류시장으로 시작했다. 마케팅이 뛰어났다. 상인연합 주도로 이뤄졌다. 남대문시장보다 싸게 팔았다. 아주 싼 가격은 아니었다. 그래도 손님은 좋아했다. 소문이 났다. 호기심이 들었다. 손님이 모여 들었다. 남쪽 사람도 올라왔다. 시장이 번창했다. 규모도 커졌다. 지금은 남대문시장보다 크다. 특화된 시장이 주변에 퍼져있다.

의류의 메카로 자리 잡았다. 의류시장이 많다. 제일평화시장, 청평화시장. 얼마 전 대형화재가 났다. 복구중이다. 그 밖에도 두산타워, 밀레오레 등 수많은 의류전문 상가가 진을 치고 있다.

동대문시장

동대문시장은 전국의 옷가게에 물건을 공급한다. 시장 주변에는 대형버스가 줄을 선다. 지방에서 물건을 사려고 온 소매상들이다. 모자와 양복점도 오래됐다. 요즘은 양복점이 별로 없다. 양복점에서는 옷을 만들기가 힘들다. 전문기술자가 부족해서다. 양복점은 주문을 받고 사이즈만 잰다. 옷감과 함께 동대문으로 보낸다. 동대문시장에는 기술자가 많다. 수십 년 전부터 해온 베테랑이다. 한국 산업의 역군이다. 경제부흥의 일등공신이다. 숙련된 기술자들을 통해 멋진 양복이 나온다.

동대문시장 주변에는 여러 시장이 있다. 광장시장, 중부시장, 방산시장 등도 있다. 넓은 의미에서 동대문시장에 포함될 수 있다. 품목이 다르다. 생선, 육류 등 식품을 주로 판다. 한복 옷감도 취급하고 있다.

동대문시장은 동부지역 발달의 초석이 됐다. 청량리까지 발달시켰다. 전차는 원래 동대문에서 남대문까지만 운행됐다. 나중에는 청량리까지 연결됐다. 동쪽 사람의 편의를 위해서다. 동대문시장의 역할이 컸다.

특화된 시장

경동시장

경동시장은 특화된 시장이다. 약재시장으로 유명하다. 좋은 약재가 많이 올라왔다. 교통이 편했다. 강원도 충청도에서 오기 좋았다. 원래 유명한 약재상은 대구에 있었다. 2~3곳이 경동시장으로 왔다. 시장 입구에 문을 열었다. 손님이 찾기 시작했다. 소문이 났다. 다른 약재상이 모여 들었다. 어느덧 약재시장의 대명사가 됐다. 본거지가 됐다. 전국의 약재가 경동시장으로 모여든다. 약재만 유명한 게 아니다. 채소와 건어물도 풍부하다. 채소는 매일매일 들어온다. 상품이 신선하다. 농수산물시장 못지않다. 소비자의 발길이 끊이지 않는다. 자영업자가 자주 찾는다. 단골거래처가 많다. 건어물도 빼놓을 수 없다. 도심에서 건어물 시장은 보기 힘들다. 경동시장은 건어물 상점이 집합돼 있다. 장사에는 불문율이 있다. 같은 업종이 모여 있어야 된다. 그래야 장사가 잘 된다. 경동시장의 건어물상점이 그런 경우다.

경동시장의 숨은 상품이 있다. 버섯이다. 전국의 귀한 버섯이 모여든다. 자연산 송이버섯. 일반 시장에서 구하기 힘들다. 백화점에나 일부 공급된다. 경동시장에서는 언제나 구할 수 있다. 송이버섯보다 더 귀한 게 있다. 석이버섯과 목이버섯이다. 미식가의 입맛을 다시게 한다. 깊은 산속에서 자생한다. 따기도 힘들다. 운이 좋아야 눈에 띈다. 희소가치가 높다. 일반인은 보기도 힘들다. 값도 비싸다. 송이버섯과는 비교도 안 된다. 부르는 게 값이다. 버섯 판매자는 배짱을 부린다. 손님을 부르지 않는다. 여유 있는 모습으로 기다린다. 그래도 줄을 선다. 경동시장만의 풍경이다.

경동시장은 서울 동쪽의 활력소다. 동대문시장과 함께 발전했다. 예전에는 서커스도 공연했다. 문화시설이 없던 그 시절 주민과 고객 상인에게 기쁨을 줬다. 단점도 있다. 통로가 좁고 시설이 낙후됐다. 현대화가 필요하다.

삼청동서 시작된

경동시장

북청물장수

북청물장수. 북청에서 물장수를 한 것이 아니다. 삼청동에서 나온 말이다. 사연은 이렇다. 북청에 살던 유 아무개가 서울에 왔다. 삼청동에 터전을 잡았다. 해방 후였다. 글을 몰랐다. 고향 북청만 알았다. 어린 소년이었다. 지체 높은 양반의 후손으로 알려졌다. 지게질을 했다. 삼청동에는 부자들이 살았다. 부인들이 물동이를 이고 힘들게 다녔다. 부자 집에는 큰 항아리가 세 개 있었다. 물을 따로 담았다. 청룡수, 백호수, 주작수라 했다. 청룡수는 장을 담그는 용도였다. 장맛을 보면 집안의 품위를 알 수 있다 했다. 먹는 것보다 장이 우선이었다. 삼청동 지역에서 떠갔다. 으뜸수라 했다. 백호수는 목욕·세수용이었다. 인왕산 안산에서 내려오는 물을 썼다. 주작수는 빨래용이었다. 남산 한강에서 떠다 섰다.

유 아무개의 머리가 번뜩였다. 부인들의 물동이를 날라주기로 했다. 지게질 품삯을 받았다. 수입이 괜찮았다. 한걸음 더 나갔다. 지게에 물동이를 지고 팔러 다녔다. 주문이 쇄도했다. 대박이 났다. 결혼도 했다. 재혼이었다. 첫 부인은 궁핍한 생활에 가출을 했다. 고향이 생각났다. 뿌리를 찾고 싶었다. 북청 사람들을 서울로 불러 올렸다. 물장수를 함께 했다. 생활의 터전이 됐다. 북청물장수의 속뜻은 이렇다. 생활력이 강한 사람을 일컫는다.

물장수 / 한민족문화대백과 제공

9
CHAPTER

진짜 서울토박이가 말하는
서울,

그 아홉번째 이야기

가족처럼 친근한
서울의 골목문화

서울은 골목이 많다. 외국 도시도 마찬가지다. 파리는 골목이 많기로 유명하다. 파리의 골목은 관광 상품이다. 미로다. 아주 좁은 길이다. 유럽은 전쟁의 역사다. 모든 나라가 전쟁을 했다. 숨을 장소가 필요했다. 차량통행을 막아야 했다. 골목이 만들어 졌다. 시드니도 골목이 많다. 역사가 짧은데도 불구하고. 도시에는 골목이 생기게 마련이다. 인간사회에 꼭 필요한 역할을 한다.

서울의 골목은 내용이 다르다. 서울만이 아니다. 한국의 골목이 똑같다. 골목철학이 있다. 한 가족 개념이다. 이웃사촌이다. 먼 곳 형제보다 이웃사촌이 가깝다.

서울의 골목은 삶의 모습이다
골목의 풍속도

이웃과 터놓고 지냈다. 가족 같은 분위기였다. 널리 보면 대가족이었다. 담도 낮았다. 담은 형식적 건축물이었다. 사유재산 구분용이었다. 골목에는 비밀이 없었다. 옆집 사정을 훤히 알았다. 속속들이 꿰뚫고 있었다. 숟가락, 젓가락 개수까지 알 정도였다. 쌀도 꿔주고 했다. 쌀이 떨어지면 옆집에서 빌렸다. 스스럼 없었다. 골목에서 정치가 이뤄졌다. 아낙네들의 수다에 표가 갈렸다. 아이들의 놀이터였다. 말 타기, 고무줄놀이, 술래잡기, 제기차기, 딱지치기, 땅 따먹기. 모든 놀이를 골목에서 했다. 추억의 놀이들이다. 어렵던 시절 얘기다. 당시에는 놀 수 있는 공간이 없었다. 골목이 놀 장소를 제공했다. 골목에는 인정이 넘쳐났다. 경조사도 골목에서 치러졌다. 동네 사람이 골목에 모였다. 차일을 치고 힘 모아 일을 했다. 기쁨과 슬픔을 함께 나눴다.

문제점도 생겼다. 사생활 보호가 안 됐다. 종종 싸움도 있었다. 남의 흉을 보면 그대로 전달됐다. 본래보다 부풀려 전해졌다. 오해는 점점 커져갔다. 동네가 한바탕 시끄러워졌다. 싸우는 사람, 말리는 사람. 목소리가 뒤엉켰다. 시끄러움의 극치였다. 삶의 목소리는 널리널리 퍼져나갔다. 좁은 골목을 통해.

옛 골목의 모습

골목에도 종류가 있다. 직선골목, 고불골목, 가지가 쳐있는 골목, 막다른 골목이다. 특성이 있다. 차가 못 들어갔다. 인력거 통행도 어려웠다. 자생적으로 발생했다. 직선골목은 곧 바랐다. 일자로 쭉 뻗은 형태다. 차를 갖고 있는 사람이 이용했다. 골목어귀에 차를 세우고 걸어갔다. 고불골목은 말 그대로다. 고불고불 휘어졌다. 가지가 있는 골목도 있었다. 일종의 가지치기식 골목이다. 일부러 만들지 않았다. 자연적으로 생겼다. 막다른 골목이 특이하다. 일부러 만들었다. 동네에 1~2개는 있었다. 용도가 재미있다. 도둑을 잡기위해 만들어졌다. 예전엔 도둑이 많았다. 좀도둑이었다.

신발, 양말, 옷가지 등을 훔쳤다. 쌀도 훔쳐갔다. 먹고살기 위한 방법이었다. 사람에게는 손을 안 댔다. 피해를 입히지 않았다. 지금의 세태와 너무 다르다. 사람을 중요하게 여겼다. 도둑도 양심이 있다는 말이 생긴 거다. 도둑질하다 들키면 동네가 시끄러웠다. "도둑이야!" 소리에 모두가 뛰어나왔다. 손에는 연장이 들려있었다. 몽둥이, 연탄집게, 빗자루. 각종 생활용품까지 동원됐다. 모두 도둑을 뒤쫓았다. 놀란 도둑은 부리나케 도망갔다. 도망가다 막다른 골목에서 붙잡혔다. 도둑은 무릎을 꿇었다. 두 손 모아 싹싹 빌었다. 사람들은 경찰에 넘겨줬다. 넘기기 전에 인정도 베풀었다. 사정을 듣고 용서도 해줬다. 훈방해서 보내기도 했다. 잔돈을 손에 쥐어주기도 했다. 다시는 나쁜 짓 하지 말라고. 열심히 살라고 격려도 해줬다. 정이 있던 사회였다. 낭만이 넘치던 시절이었다. 돌아가고 싶다. 그때 그 시절로.

골목에는 여러 소리도 있었다. 책 읽는 소리가 울려 나왔다. 제일 좋았던 소리였다. 아름답게 들렸다. 학교에서 교육을 시켰다. 책은 큰 소리로 읽으라고. 학생은 따라했다. 선생님 말씀을 잘 들었다. 착한 학생들이었다. 다듬이 소리도 정겨웠다. 시어머니와 며느리가 함께 두들겼다. 그때만은 고부 갈등도 없었다. 호흡이 척척 맞았다. 정겨운 친정엄마와 딸의 모습이었다. 다듬이 소리는 묘한 매력이 있었다. 한 집이 두들기면 옆집이 따라했다. 경쟁이라도 하듯이 연쇄작용을 했다. 동네 집집마다 방망이 소리가 났다. 골목을 통해 퍼져 나갔다. 오케스트라의 화음보다 듣기 좋았다.

삶의 목소리도 있었다. 고학생의 고달픈 삶을 전해줬다. "메밀묵 사려. 찹쌀떡." 학비를 벌기 위한 간절함이었다. 가족의 생계를 위한 처절함이었다. 애처로웠다. 듣기에 따라 다를 수도 있었다. 애달픈 목소리는 희망이었다. 어려움을 극복하는 불굴의 의지였다. 골목을 헤매던 그들은 어찌 됐을까. 궁금하다. 늦은 밤 배고픔을 달래준 소리였다. 간식이 귀하던 시절. 고학생의 외침에 배를 불렸다. 오손도손 식구들과 둘러앉아.

인생을 넘는
서울의 고개

고개를 예전에는 개(峴)라 불렀다. 서울은 고개로 연결됐다. 의아해 할 수도 있다. 상상이 안 될 것이다. 속 내용을 알아보자. 서울의 고개는 얼마나 될까. 의외로 많다. 230여 개가 된다. 밝혀진 것만 그렇다. 그 많은 고개를 연결해보자. 서울의 그림이 나온다. 모든 동네가 이어진다.

파리가 아름다운 이유는 무엇인가. 작고 큰 고갯길이 많아서다. 샹제리제가 있는 곳도 큰 고개였다. 고개를 깎아 세운 것이다. 몽마르뜨 언덕은 파리의 명소다. 여행객의 발길이 끊이지 않는다. 누구나 가고 싶어 한다. 고갯길의 가치를 느낄 수 있다.

고개에 대해 자세히 살펴보자. 더 흥미롭다. 서울의 고개는 사연이 많다. 특색이 있다. 아픔도 간직하고 있다. 낭만도 있다. 아쉬움도 있다. 세월의 흐름과 함께 바뀌었다. 옛 모습도 변했다. 모든 고개를 다 설명하기는 어렵다. 사연 많은 고개 몇 군데를 돌아보자.

일본인이 많이 살았던
구리개(銅峴)

지금의 을지로다. 조선조 후기 때는 구리개라 불렀다. 일본사람은 구리개를 싫어했다. 이유는 분명하지 않다. 자신들의 입맛에 맞춰 황금정(黃金町)이라 불렀다. 일본인의 정(町)은 지금의 동(洞)이다. 을지로는 해방 이후에 부르기 시작했다.

일본인은 구리개에 많이 살았다. 구리개를 중심으로 모여 들었다. 일본인만의 상권도 형성했다. 유리제품 등을 많이 팔았다. 서양물건도 쉽게 구할 수 있었다. 돈도 많이 벌었다. 부자가 많이 살았다. 일본인은 생활수준이 높았다. 문화적인 욕구도 생겼다. 국도극장이 생겼다. 일제시대였다. 국도극장 개관 후 얼마 지나지 않아 해방이 됐다.

을지로 1가

소나무가 많았던
솔마루(松峴)

한자로 송현이다. 소나무가 많아서 붙여진 이름이다. 남송현(南松峴)과 북송현(北松峴)으로 나뉜다. 남송현은 지금의 소공동. 북송현은 중학동이다. 서울에는 소나무가 많았다. 북창동, 남창동, 소공동에 소나무가 많았다. 북송현은 소나무 밭이었다. 전차 타고 다닐 때 풍경이 대단했다. 소나무의 푸름이 압권이었다. 차창에 비치는 소나무는 한 폭의 산수화였다.

일본인은 소나무를 싫어했다. 소나무는 한민족의 기상이다. 일본인이 소나무를 조금씩 없앴다. 방법이 간교했다. 소나무 밑에 구멍을 뚫었다. 그런 일이 실제로 있었다. 이런 소문이 있었다. 일본 헌병들이 구멍을 뚫었다. 작은 칼로 구멍을 냈다는 소문이었다. 확실하지는 않다. 아마도 소문이 맞을 수도 있다.

우리는 자부심을 가져야 한다. 시내 한복판에 소나무가 많았던 사실에. 지금은 서울에 소나무가 드물다. 공해로 점차 사라져 간다. 소나무는 관리가 힘들다. 공기가 깨끗해야 산다. 주변 환경이 좋아야 한다.

소나무가 많았던 중학동의 현재 모습

장화 없이는 걷기 힘들었다는 진고개. 지금은 잘 닦인 포장길이다.

장화 없이는 못 살았던
진고개(泥峴)

아주 긴 고개다. 숭례문에서 시작된다. 충무로를 거쳐 퇴계로 6가에서 끝난다. 이런 말이 있다. "남으로는 진고개 길이요. 북으로는 피맛길이요." 피맛길은 사직동에서 동대문까지 이어졌다.

진고개 명칭이 뜻을 나타내준다. 한자로 니현(泥縣)이라 한다. 니 자가 진흙 니다. 땅이 너무 질어서 진고개다. 마누라 없이는 살아도 장화 없이는 못산다는 뜻이다. 충무로 지역은 진흙이 많았다. 비가 오면 진흙탕이 됐다. 걷지를 못했다. 발이 푹푹 빠졌다. 발걸음을 떼기 어려웠다. 1960년대 까지도 그랬다. 도로포장이 전혀 안 돼 있었다. 양반은 진고개 길로 다니지 않았다. 양반이 다니기에는 불편한 길이었다. 진고개는 상권이 발달했다. 옷감, 잡화, 과자(센베이), 화과(和菓)자 등을 팔았다. 생활필수품 위주였다. 일본식품을 내놓았다. 전당포도 많았다. 전당포는 1970년대 까지도 성행했다.

서울은 남촌과 북촌으로 나뉜다. 청계천을 경계로 했다. 명동 충무로, 을지로, 퇴계로 등이 남촌이었다. 광화문 이북이 북촌이었다. 남촌 일부에는 일본인이 많이 살았다. 북촌은 한국인의 터전이었다. 남주북병(南酒北餠)이라는 말이 있다. "남쪽은 술이 좋고, 북쪽은 떡이 좋다"라는 뜻이다. 남쪽은 유흥이 발달했다. 회현동에 일본 공사관이 생겼다. 음식점, 여관, 유곽(기생집)이 덩달아 문을 열었다. 먹고 놀기 좋았다. 소문난 기생집도 모여 있었다. 북쪽에는 떡집이 많았다. 낙원떡집이 유명해진 이유다. 양반의 품위를 지키려 노력했다.

남산골 샌님이라는 말이 있다. 진고개에서 어원이 나왔다. 과거를 보러 지방에서 올라온 양반 얘기다. 진고개를 거쳐 시험장에 갔다. 과거시험을 보려 여인숙에서 묵었다. 돈이 떨어져 주인에게 사정했다. 과거에 붙으면 주겠다고 했다. 주인장이 떨어지면 어쩔 건가 물었다. 양반은 내 몸을 바쳐 일하겠다고 읍소했다. 과거에 떨어졌다. 양반이 할 줄 아는 게 없었다. 몸으로 때워야 했다. 불우한 양반이다. 샌님의 뜻이다. 남산골샌님은 북촌에 못 올라갔다. 행색이 초라해 양반체면을 구길까봐 그랬다. 양반이 도대체 무엇이길래. 체면이 밥 먹여주나. 신분사회의 단면을 보여줬다.
충무로 끝에 찬 우물이 있었다. 그 물을 마시면 장수한다는 소문이 있었다. 수맥이 있었던 것 같다. 남산의 물로 추측된다. 지금의 세종호텔 부근이다.

진고개에 재미있는 일화가 있다. 실제로 있었던 일이다. 중국 사람 얘기다. 명동이 원래는 중국 사람 본거지였다. 일본인에게 밀려 나갔다. 북창동, 남창동, 소공동으로 옮겨 갔다. 차이나타운이 형성됐다. 유명 중국음식점도 생겼다. 취영루가 유명했다. 물만두를 먹기 위해 줄을 섰다. 차이나타운에서는 도박이 성행했다. 중국인은 도박을 좋아했다. 저녁이면 삼삼오오 모여 들었다. 마작이었다. 중국인의 전통 도박이었다. 중국인의 전통명절이 있다. 춘절이다. 한국의 설날이다. 아주 오랫동안 쉰다. 보통 한 달은 논다. 이 기간 동안 일이 벌어졌다. 마작을 즐겼다. 판이 커졌다. 식당을 담보로 내걸었다. 춘절이 끝나면 주인이 바뀌었다. 어제의 주인이 종업원이 돼 있었다. 다음 춘절이 끝나면 또 주인이 변했다. 옛 주인이 가게를 되찾았다. 희한한 풍속이었다.

물 없는 개천이 있었던
인현(仁峴)마루

물이 없는 개천이 있었다. 마른내라 했다. 비가 오면 사정이 달라졌다. 갑자기 물이 불어나 거센 물결이 휘몰아쳤다. 지금의 명보극장 건너편이다. 한국의 할리우드 충무로와 가깝다. 배우, 가수, 작곡가, 작사가가 인현동에 많이 살았다. 연예계 인사의 출근 장소였다. 다방이 많았다. 연예인의 사랑방이었다. 직업에 따라 모이는 다방이 달랐다. 크게 가요와 영화로 구분됐다.

카나리아 다방이 있었다. 가요계 인사가 주를 이뤘다. 작곡가 박시춘, 작사가 반야월을 중심으로 모였다. 가수 신 카나리아가 주인이었다. 황금심과 아주 친했다. "언니, 언니"하며 붙어 다녔다. 친자매 이상이었다. 황금심은 원로가수 고복수의 부인이다. 신 카나리아는 공짜 커피를 많이 줬다. 연예인들은 돈이 없었다. 마시는 사람도 부담이 없었다. 가족 같은 분위기였다. 스타다방이 있었다. 영화 관계자의 집합소였다. 신영균, 최무룡, 김지미 등이 중심이었다. 충무로 스타들이 많이 모여 있었다. 이름 그대로 별들의 잔치였다. 연예인의 식사는 단출했다. 스타의식이 없었다. 설렁탕으로 한 끼를 때웠다. 막걸리 한 사발과 함께. 오래된 설렁탕집이 있었다. 파주옥이다. 지금도 영업을 한다. 당시의 음식점도 많이 남아있다.

산적이 자주 나타났던
버티고개

두 갈래 길이 있다. 장충단에서 오는 길, 약수동에서 한남동으로 넘어가는 길. 약수동에서 가는 길이 사실상 버티고개다. 산적이 많았다. 산적이 버틴다 해서 버티고개라 불렀다. 나무가 많았다. 산적이 갑자기 튀어 나왔다. 숲 속에 몸을 숨겼다 나타났다. 고개를 넘는 게 워낙 위험했다. 위험을 무릅쓰고 넘어가는 이유가 있었다. 지름길이었다.

행인은 안전요원이 필요했다. 고개를 무사히 넘겨주는 사람을 찾았다. 비싼 돈을 지불하고 함께 넘어 갔다. 부작용도 있었다. 안전요원의 착취였다. 의뢰인의 돈을 빼앗았다. 믿는 도끼에 발등 찍힌 격이었다.

다른 방법을 찾아냈다. 자동차를 이용했다. 일본의 이즈즈(IZUZU) 화물차를 사용했다. 목탄차였다. 사람을 가득 태우고 올라갔다. 차에 힘이 없었다. 사람들이 내려 힘을 모아 차를 밀었다. 시동이 걸리면 다시 출발했다. 중간에 가다 서다를 반복했다. 시속 5~10Km 정도 밖에 안됐다. 버티고개는 서민의 애환이 서려있다. 산적과 목탄차로 인해 생긴 고개다.

무악재고개

작은 산처럼 높았던
무악재

눈물의 현장이다. 독립운동 열사의 혼이 서려있다. 매우 높은 고개다. 인왕산 뒤쪽과 안산 앞쪽을 연결시켜 준다. 말이 고개지 작은 산이다. 서대문 형무소가 있었다. 형무소가 들어선 이유가 있을 게다. 무악재가 워낙 외지고 험했다. 사람의 접근이 어려워 수형자를 관리하기 편했다. 눈을 피하기 좋았다. 일제는 천혜의 조건을 악랄하게 이용했다. 모진 고문이 이뤄졌다. 많은 독립 운동가가 삶을 마감했다. 형장의 이슬로 사라졌다. 독립운동의 흔적들이 그대로 보존되고 있다.

무악재는 고개가 아주 험했다. 호랑이가 자주 출몰했다. 조선 말기에서 일제 강점기까지 나타났다. 인왕산 호랑이라는 말이 있다. 실제로 있었던 일이다. 동네에서 가축을 못 키웠다. 호랑이가 올까봐. 손전등이 많이 팔렸다. 호랑이 접근을 막기 위해서다. 호랑이는 불빛을 꺼린다.

무악재는 교통의 요지였다. 지금의 고양으로 가려면 꼭 통과해야 했다. 무악재를 거쳐야만 했다. 조정이 대책을 세웠다. 양민보호에 나섰다. 병졸들을 배치해 총으로 무장 시켰다. 지금의 경찰 노릇을 했다. 양민의 개별통행을 금지시켰다. 적정 인원을 한데 모았다. 병졸의 보호아래 고개를 넘었다. 무악재에는 호랑이만 있던 게 아니다. 산적도 있었다. 산적의 폐해가 심했다. 입고 있던 옷을 벗겼다. 신발까지 빼앗았다. 병졸이 위험을 막아줬다. 넘어가는 고개 길이 편안했다. 꼭 편한 것만은 아니었다. 관료들의 비리가 발생했다. 보호비 명목으로 돈을 요구했다. 예나 지금이나 똑같다. 부패관료는 늘 있기 마련이다. 고개가 높아 생겼던 일이다.

무악재를 넘으면 동네가 나온다. 모래내, 불광동이다. 술집이 많았다. 이유가 있다. 보부상이 많이 다녔다. 오가다 술집에 들렸다. 외상이 많았지만 외상 장부도 없었다. 부지깽이로 벽에 외상값을 그었다. 요즘도 술집에서 '긋는다'는 말을 많이 쓴다. 긋는다의 어원이 탄생했다.

무악재와 연결된 고개도 있다. 독바위골이다. 독박골이라고도 한다. 불광동으로 갈 때 오른쪽에 있다. 역사적 의미를 품고 있다. 인조반정 때다. 광해군을 몰아낼 때였다. 반정들이 큰 바위 밑에 숨어 있었다. 거사를 성공시켰다. 독박골이 생겨났다.

박석고개도 있다. 불광동에서 서오릉으로 이어지는 고개다. 박석으로 깔아 놓았다. 박석은 화강암을 뜻한다. 속설이 있다. 중국사신이 고개를 넘을 때다. 사신의 말이 가지를 못했다. 말발굽이 떨어지지 않았다. 사신이 내려 절을 하니 발굽이 떨어졌다. 박석고개는 지세가 좋다. 절이 많이 생겼다.

모든 근심을 잊게하는
망우리고개

원래는 경기도 구리에 속했다. 지금은 서울이다. 태조 이성계와 관련이 깊다. 이성계는 왕자의 난으로 골치가 아팠다. 아들들의 권력투쟁에 환멸을 느꼈다. 자식의 비정함에 몸서리 쳤다. 권력무상에 한숨을 내뱉었다. 인생의 공허함을 곱씹었다. 세상이 귀찮았다. 빨리 생을 접고 싶었다. 자신이 묻힐 자리를 보러 다녔다. 풍수지리사와 함께 거닐었다. 상왕의 몸으로 그럴 수 있었을까. 이성계는 그리했다. 얼마나 이승생활이 괴로우면 그랬을까. 이해는 간다. 부모가 정말 보고 싶지 않은 게 있다. 자식 간의 싸움이다. 천륜을 져버린 아들의 모습에 가슴이 찢어졌다. 지나온 삶의 흔적이 모두 무너졌다. 이성계는 망우리 고개에 올라섰다. 응어리진 마음을 안고 홀로 섰다. 4대 산이 다 보였다. 막힌 가슴이 뻥 뚫렸다. 근심걱정이 다 사라졌다. 그 자리에 잠들고 싶었다. 모든 시름을 다 잊으려 했다. 동네 이름이 지어졌다. 망우리라고. 근심걱정을 잊는다는 뜻이다. 이성계는 자신의 뜻대로 동구릉 안에 영면했다. 억새가 뒤덮인 건원릉에 삶의 아픔을 묻었다.

망우리는 희망의 고개였다. 유생은 장원급제 꿈을 품고 통과했다. 금의환향의 꿈을 꾸며 고개를 넘었다. 한양에 입성하는 길목이었다. 강원도, 충청도, 경상도 유생들이 올라왔다. 과천으로 올 수도 있었지만 유생들이 꺼렸다. 양반이 많아 부딪치기 싫어서다. 동북쪽 망우리 고개를 주로 이용했다. 사람의 왕래가 많아졌다. 주막이 생겼다. 여인숙 형태의 상권이 형성됐다. 말을 타고 오는 사람도 있었다. 말에게 먹이도 줘야 했다. 말죽거리가 생겼다. 말죽거리는 여러 군데가 있다. 망우리는 공동묘지로 유명하다. 서울에 남아있는 가장 큰 규모다. 예전에 미아리 공동묘지가 있었다. 사라진 지 오래다. 이성계의 선견지명이었을까. 고인이 편히 잠들 수 있는 자리를 제공하고 있다.

망우리의 공동묘지에는 시대의 선구자들이 잠들어 있다.

역사의 아픔을 간직한
미아리고개

아픔이 많은 고개다. 현대사의 비극을 고이 간직하고 있다. 중국군이 많이 넘나들었다. 병자호란 때 중국군이 넘어왔다. 되너미 고개라고도 한다. 병자호란 때 붙여진 명칭이다. 되너미가 무슨 뜻일까. 중국인을 비하하는 말이 숨어있다. 되놈이다. 되놈이 넘어온 길의 뜻을 품고 있다. 6·25의 상흔도 간직하고 있다. 중공군과 북한군이 쳐들어왔다. 미아리고개를 통해 도망갔다. 총알이 빗발쳤다. 육중한 탱크소리가 지축을 흔들었다. 수많은 사람이 불귀의 객이 됐다. 자식을 잃은 부모, 부모를 잃은 어린 자식. 울부짖는 소리가 뒤엉켰다. 죽은 자는 말이 없었다. 굳은 시신은 꼼짝도 하지 않았다. 차가운 시신을 부여잡고 혼절했다.

'단장의 미아리 고개'라는 노래가 있다. 단장(斷章)이 무엇인가. 창자가 끊어진다는 뜻이다. 한국가요에 이보다 더 슬픈 노래는 없다. 실화다. 작사가 반야월이 부산으로 피난 갈 때 일이다. 부인과 딸을 잃어 버렸다. 부인은 나중에 만났다. 딸은 미아리고개에서 죽었다. 반야월은 할 말을 잃었다. 정신이 나갔다. 딸을 잃은 애비의 마음을 알겠는가. 창자가 끊어지는 아픔이었다. 평생을 아파하며 살았다. 사는 게 사는 것이 아니었다. 어쩔 수 없이 살아가는 목숨이었다. 미아리고개가 원망스러웠다. 반야월은 가사를 써 내려갔다. 다시 못 볼 딸을 생각하며. 그 노래가 단장의 미아리 고개다. 드라마도 이럴 수는 없다. 가족의 슬픔이다. 민족의 아픔이다. 미아리 고개의 숙명이다.

미아리고개는 사람이 뜸했다. 고개를 넘기가 무서웠다. 밤이면 더 그랬다. 큰 공동묘지가 있었다. 고개에는 스산한 기운이 있었다. 죽은 사람의 영혼이 떠다니는 듯했다. 귀신이 나온다는 소문이 무성했다. 도깨비불도 나온다 했다. 많은 사람이 봤다고 했

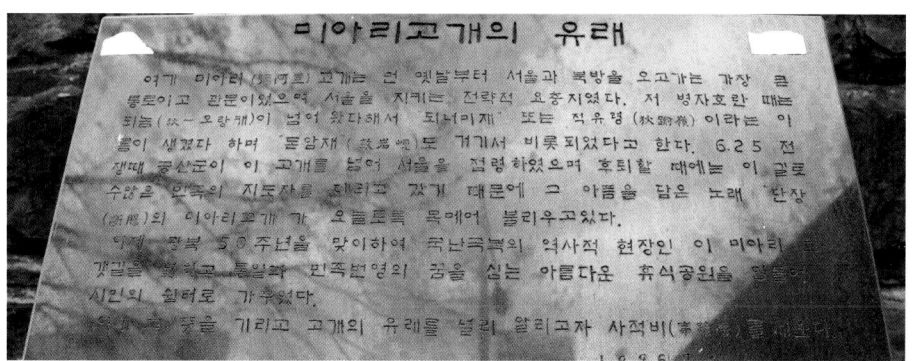

미아리고개의 유래가 담긴 비석

다. 혹시 반딧불이었는지도 모른다. 서울시민은 불편했다. 미아리고개를 넘나들기가. 서울시는 묘지를 이전하기로 했다. 4·19 이후 개발에 들어갔다. 큰 어려움이 따랐다. 보상도 해야 했다. 문제가 생겼다. 무연고 묘지의 이전이었다. 산소를 무조건 파헤칠 수는 없다. 죽은 자의 유택을 마음대로 건드릴 수 없다. 한국사회는 유교사상이 남아 있다. 죽은 자를 잘 모셔야 한다. 조상 숭배사상이 뿌리 깊다. 서울시는 무연고 묘지의 주인을 찾아야 했다. 공고를 냈다. 일정조건을 내세웠다. 여기서 비리가 생겼다. 이 사람 저 사람 모두가 나섰다. 자신이 연고자라 주장했다. 아무 연관도 없는 사람이 대부분이었다. 방법이 없었다. 조건을 갖춘 사람에게 보상을 했다. 많은 돈이 나갔다. 복마전이라 했다. 그때 생겨난 말이다.

미아리고개에는 점집이 많다. 왜 그럴까. 전쟁의 후유증이다. 전쟁 직후 사람들은 약해졌다. 눈앞에서 주검을 많이 봤다. 가족과도 헤어졌다. 생사라도 알고 싶었다. 의지할 데가 없었다. 무언가에 의지하고 싶었다. 실오라기라도 잡고 싶었다. 점집을 찾았다. 미아리고개로 점집이 몰렸다. 죽은 자의 영혼을 달래기에 딱 맞았다. 공동묘지에 잠들었던 영혼이 있으리라 생각했다. 아직도 미아리고개에는 점집이 많다.

미아리 고개는 묵묵히 바라봤다. 동족의 쓰라린 상처를. 망자의 한도 품고 있다. 우리가 알아야 할 것이 있다. 무덤은 무엇인가. 죽은 자에 대한 산 자의 지극한 정성이 모아진 장소이다. 무덤은 결코 공포의 대상이 아니다. 힘든 삶의 여정을 끝낸 사람이 편히 쉬는 곳이다.

영화 아리랑을 촬영한
아리랑고개

원래는 미아리고개에 속했다. 명칭이 왜 바뀌었을까. 영화 아리랑 때문이다. 1926년 영화 아리랑이 개봉됐다. 나운규 감독·주연이다. 민족정기를 불어넣는 영화다. 아리랑을 촬영한 고개다. 그때부터 아리랑고개가 됐다. 아리랑은 초창기에 몇 번 상영됐다. 나중에 상영이 금지됐다.

일제가 상영을 못하게 했다. 필름이 없어졌다. 지금도 필름을 못 찾고 있다. 일본인이 가져갔다는 소문이 돌았다. 필름을 찾기 위해 수소문 했다. 관계자들이 일본까지 찾아갔다. 끝내 못 찾았다. 아리랑고개는 영화의 길로 지정됐다. 영화 아리랑을 기념하기 위해서다. 돈암동에서 고개 마루까지다.

아리랑고개와 연관해 알아야 할 곳이 있다. 정릉이다. 아리랑고개와 가깝다. 정상 바로 옆에 능이 있다. 이성계의 후궁 신덕왕후가 묻혀있다. 원래는 지금의 정동에 있었다. 태종 이방원이 정권을 잡았다. 조선 3대 임금에 올랐다.
태종은 신덕왕후 능이 거슬렸다. 도성 안에 있는 것이 싫었다. 지금의 장소로 이장했다. 당시의 정릉은 산골이었다. 사람의 발길조차 없었다. 비석은 광교 다리로 썼다. 이성계는 죽었다. 신덕왕후도 떠났다. 태종도 없어졌다. 모두가 사라졌다. 태종은 알았을까. 권불십년의 단순한 이치를.
죽은 자의 잠자리를 꼭 파헤쳐야만 했을까.

영화 '아리랑'을 찍어 아리랑고개가 되었다.

영화 '아리랑'의 제작자 나운규
/ 영화진흥공사 제공

장승배기길

정조임금이 자주 다녔던
장승배기

장승이 박혀있다는 뜻이다. 지금의 상도동. 노량진동이다. 예전에는 숲이 울창했다. 인가도 없었다. 적막했다. 이 길을 지나기 쉽지 않았다. 길이 험했다. 이런 길을 다닌 임금이 있었다. 정조임금이다.
정조는 아버지 사도세자를 그리워했다. 아버지 묘소인 수원에 자주 갔다. 수도도 화성으로 옮기려 했다. 가는 길에 잠시 어가를 세우고 명령했다. 장승을 세우라고. 어명이었다. 2개의 장승이 세워졌다. 천하대장군, 지하여장군. 장승은 원래 여자를 세우지 않는다. 임금의 명이라 어쩔 수 없었다.

장승배기에는 노래의 사연이 있다. 노들강변이다. 노들강변은 원래 상두동과 제1한강교 부근이다. "노들강변 봄버들. 휘휘 늘어진 가지에다가." 많이 알려진 노래다. 노들강변은 가요다. 엄밀히 말하면 민요가 아니다. 민요화 된 노래다. 민요는 작사·작곡가가 없어야 된다. 몰라야 한다는 것이 정확한 표현이다. 아리랑 같은 노래다. 노들강변은 아니다. 작곡가가 있다. 문호월 작곡이다. 작사자는 확실치 않다. 신불출이라는 의견도 있다. 문호월의 자손이 훌륭하다. 미국에 살고 있다. 노들강변의 저작권을 포기했다. 국민애창곡인데 어찌 돈을 받겠냐고 했다. 고마운 일이다.

여우가 많았던
남태령고개

남태령고개는 산적 고개였다. 산적이 들끓었다. 큰길이었다. 고개도 높았다. 한양에 가려면 과천부터 기어간다 했다. 그처럼 험한 고개였다. 여우고개라고도 했다. 여우가 엄청 많았다. 조선후기 군인의 훈련 장소였다. 지금도 수도방위사령부가 있다. 수도 서울을 굳게 지키고 있다. 예사롭지 않다. 예나 지금이나 똑같다. 국민의 생명과 안전을 지킨다는 게.

얼음을 보관했던
서빙고고개

빙고가 무엇인가. 얼음을 저장하는 창고다. 조선조 후기에 만들었다. 얼음을 저장할 필요가 있었다. 한강에 얼음이 얼었다. 그 얼음을 보관해야 했다. 적합한 장소가 필요했다. 한강과 가까워야 했다. 지금의 서빙고동이 적합했다. 서빙고가 동빙고보다 8배 컸다. 작은 고개가 5개가 있었다. 그 고개에 땅을 파고 창고를 만들었다. 얼음을 옮기기에 가까웠다. 얼음을 톱으로 썰어 옮겼다. 마차로 실어 날랐다. 보관하기도 좋았다. 귀한 얼음을 지켜야 했다. 빙관(氷官)이 생겼다. 얼음을 지키는 공무원이었다. 위세가 대단했다. 책임도 막중했다. 임금의 진상품을 지키는 업무였다.
원래 한강은 청정수였다. 오염이 안 됐다. 겨울날씨도 매우 추웠다. 매서운 바람이 불어 손발이 꽁꽁 얼어붙을 정도였다. 얼음이 잘 얼었다. 얼음은 가운데서 얼기 시작해 밖으로 퍼져 나갔다. 얼음 색깔이 푸르렀다. 파란 색이 났다. 깊은 곳에서 얼어버렸다. 천연얼음은 생명력이 길어 인공 얼음보다 오래 간다. 늦게 녹는다. 한강의 얼음은 1950~60년대 까지 팔렸다. 서빙고에서 보관하다 팔았다.

남태령

10
CHAPTER

진짜 서울토박이가 말하는
서울,
그 열번째 이야기

생명수이자 젖줄인
서울의 강

한강은 서울시민의 생명수이자 젖줄이다. 한강은 기적을 만들었다. 외국인들은 말한다. 오늘의 풍요로운 한국을 칭송한다. '한강의 기적'이라고. 서울은 축복받은 도시다. 산과 강이 있어서다. 그냥 산이 아니다. 높고 아름답다. 명산이다. 강도 예사롭지 않다. 개울 같은 강이 아니다. 바다 같이 넓은 강이다. 서울을 길게 관통한다. 동에서 서를 가로지른다. 샛강도 있다. 실개천도 많다. 산에서 내려오는 물이 지하로 스며든다. 여기저기 물이 흘러넘친다.

물이 너무 많아 수도가 되지 못할 뻔했다. 도성을 옮길 때 문제가 됐다. 풍수지리학적으로 안 좋다 했다. 반란의 운세가 있다고 꺼렸다. 청계천이다. 물은 위에서 아래로 흐르게 된다. 동에서 서로 흐르는 게 이치다. 청계천은 아니다. 서에서 동으로 흐른다. 배신의 기운을 담고 있다. 풍수지리학자들은 그것을 꺼렸다. 강성 군주 태종마저도 두려워했다. 지금의 운하를 만들려 했다. 광교에서 마포 쪽으로 물길을 돌리고 싶었다. 끝내는 포기했다. 워낙 큰 공사라. 돈과 사람이 무진장 들어가야 했다.

한강은 역사를 담고 있다. 삶의 터전을 만들어 줬다. 애환도 함께 했다. 한강 주변에는 정자도 많았다. 풍경이 아름다웠다. 운치도 있었다. 시와 노래와 춤이 함께 했다. 종합예술의 극치를 선보였다.

세계적으로 유명해진 한강의 기적
한강

북한강과 남한강으로 구분된다. 북한강 발원지는 금강산 부근이다. 양구를 거쳐 한강으로 유입된다. 남한강은 오대산 우통수에서 발원한다. 태백산 검룡소가 발원지라는 학설도 있다. 두 곳을 모두 발원지로 보는 것도 일리가 있다. 두 곳이 함께 만나기 때문이다. 평창강, 영월 동강, 충주호를 거쳐 서울로 온다. 북한강과 남한강이 만나는 장소가 있다. 양수리다. 두물머리라고도 한다. 두 물줄기가 합친다는 뜻이다.

물이 깨끗했다. 청정수였다. 조선 세조와 관계가 깊다. 세조의 피부병은 잘 알려져 있다. 어의들은 고민했다. 세조의 피부병을 고치기 위해. 비책을 내놓았다. 좋은 물에 몸을 담그는 것이었다. 전국을 유람했다. 좋은 물을 찾아서. 운길산에 올랐다. 밑을

한강 / 셔터스톡이미지

내려 보았다. 물길이 아름다웠다. 물 부딪치는 소리가 종소리 같았다. 세조는 감탄했다. 그 물을 받아 몸을 씻었다. 운길산에 절을 세웠다. 수종사라 했다. 물소리가 종소리 같다 해서 붙였다. 수종사에 관한 다른 유래도 있다. 세조가 깊은 잠에 빠졌을 때 종소리가 들렸다. 부근을 조사해보라 일렀다. 바위굴을 발견했다. 18나한이 있었다. 굴속에 떨어지는 물이 종소리 같았다. 절을 짓고 수종사라 불렀다. 두 얘기 모두 정확한 자료는 없다. 수종사에 관한 유래는 접고 가자.

양수리에서 합친 물은 팔당을 거쳐 서울로 들어온다. 광나루를 통해서 온다. 서울시 입장에서 보자. 광나루가 한강의 경계선이다. 한강의 출발점이고 행주대교가 종착지다. 짧지 않은 여정을 마무리 짓는다. 그 여정 속에 많은 사연이 함께 흘렀다. 1960년대에 광나루다리가 있었다. 제1한강교와 함께 서울의 명물이었다. 다리마저 귀했던 시절 얘기다. 뚝섬유원지가 가까웠다. 서울시민의 놀이터였다. 뱃놀이를 많이 했다. 식당과 술집이 성행했다. 술 마시고 뱃놀이. 지금은 상상도 못할 일이다.

한강은 교통수단의 역할도 했다. 배를 타고 청담나루 봉은사까지 내려왔다. 1960년대까지 뗏목의 수상통로였다. 3도에서 뗏목이 올라왔다. 강원도, 충청도, 경상도에서 보내왔다. 뗏목에 물건도 실어 보냈다. 한강주변에는 역사유물도 많다. 암사리가 대표적이다. 지금의 암사동이다. 석기시대 유물이 발견됐다. 고대사 연구의 중요한 자료다. 국내는 물론 외국에서도 관심이 쏟아지고 있다. 사고도 많았다. 암사동은 모래산이다. 어린이가 많이 죽었다. 모래웅덩이에서 놀다 희생됐다. 웅덩이에 빠지면 모래들이 계속 흘러 내렸다. 헤어나지 못하고 명을 달리했다. 안타까운 일이었다. 놀이터 하나 변변히 없던 시절 얘기다. 슬픈 과거사다.

한강은 삶의 터전도 만들어 줬다. 나루가 많이 생겼다. 청담나루, 양화나루, 마포나루 등이 대표적이다. 나루를 통해 생활이 형성됐다. 물건거래가 이뤄졌고 정보가 교환됐다. 마포나루는 규모가 컸다. 민물나루 중 가장 큰 곳 이었다. 상거래의 중요지점 이었다. 마포나루에는 돈이 많이 풀렸다. 술집이 많았다. 언제나 술집은 손님으로 가득 찼다. 술에는 여자가 따르는 법, 장안의 색주가가 많이 모였다. 남자들의 허풍스런 웃음이 술집에 퍼졌다. 여자들의 간교한 웃음이 남자의 애간장을 녹였다.

한강은 체육시설로도 활용됐다. 1960년대까지 동계체육대회가 한강에서 열렸다. 스케이팅 대회가 치러졌다. 피겨스케이팅 대회도 했다. 수 천 명의 구경꾼이 모였다. 소리 지르고 발을 동동 굴렀다. 대회열기가 대단했다. 아직도 의문스러운 일이 있다. 수많은 관중이 모여도 얼음이 깨지지 않았다. 얼음의 두께가 얼마였을까 궁금하다. 사람들은 겨울에 걸어서 강을 건넜다. 한강 물이 깨끗했다는 증거다. 불순물이 없었다. 한강의 물도 산업화와 함께 병들었다. 물이 오염되면서 냄새가 나고 얼지도 않았다.

여의도 공원

동계체육대회는 장소를 옮겼다. 춘천 공지천에서 열렸다. 지금은 공지천도 얼지 않는다. 환경오염의 심각함을 느끼게 한다.

한강에는 2개의 섬이 있다. 여의도(汝矣島)와 율도(栗島)다. 율도는 밤섬이라고 부른다. 여의도는 큰 섬이다. 잉화도(仍火島)라 부르기도 했다. 나의 섬도 아니고 너의 섬도 아니다. 누구의 섬도 아니다. 그래서 불린 명칭이 있다. 너섬이다. 지금도 불리우고 있다.

여의도에 비행장이 있었다. 6·25전쟁 이후 미군 비행장으로 쓰였다. 1960년대 후반까지 사용됐다. 국제공항으로 이용했다. 대형 비행기는 사용하지 못했다. 활주로가 짧았다. 1968년에 폐쇄됐다. 당시에는 비행기 도난 사건도 있었다고 한다. 비행기를 훔쳐 가다니. 이해가 안 될 것이다. 상식적으로는 상상이 안 된다. 가끔은 상식 밖의 일도 현실이 된다. 당시 비행장은 경계가 허술했다. 비행기도 작았다. 현재와 같은 금속

지금은 사람이 들어갈 수 없는
밤섬 (율도)

이 아니었다. 천 비슷한 재질로 만들어졌다. 일부 비행기는 그랬다. 도둑이 비행기에 끈을 맸다. 밤에 샛강에서 비행기를 끌어당겼다. 비행기는 줄에 몸을 맡긴 채 끌려왔다. 가까이 가서 비행기 부속을 분해했다. 부속은 어둠과 함께 사라졌다. 비행기 부속은 비싼 가격에 팔렸다. 아침에 비행장은 발칵 뒤집혔다. 담당자들은 어땠을까. 상상이 된다. 귀신이 곡할 노릇이다. 호랑이 담배 피던 시절 얘기다. 그랬던 여의도가 지금은 하나의 도시다. 정치의 본산이다. 금융의 중심지다. 문화의 산실이다. 젊은이들의 놀이터다.

율도는 지금 못 들어간다. 사람의 발길이 끊긴지 오래다. 자연보호 구역이다. 새들의 낙원이다. 자연생태계가 잘 보존되고 있다. 율도에도 사람이 살았다. 비가 오면 엉망이 됐다. 섬 안에 물이 흘러 넘쳤다. 짐을 싸야 했다. 피신하기 바빴다. 1968년 정부는 주민들을 와우아파트로 이주시켰다. 유명한 와우아파트 붕괴사건의 시초다.

여유로웠던 시절
서울의 정자

조선시대에는 정자가 많았다. 120~130개 정도가 있었다. 3분의 2가 한강변에 자리 잡았다. 정자는 절경에 있어야 제 멋이다. 한강의 절경을 느낄 수 있었다. 한강을 바라보며 시를 읊었다. 붓끝을 휘갈겼다. 기녀의 춤을 감상했다. 술 한 잔을 곁들이며 풍류를 즐겼다. 시원한 바람과 함께.

정자는 여러모로 활용됐다. 임금이 쉬기도 했다. 연회장으로도 쓰였다. 도성 안에도 있었다. 활 쏘는 장소로도 사용했다. 서울에는 아직도 몇 개의 정자가 남아있다. 제각기 사연을 안고 있다. 말없이 자리를 지키고 있다.

인조반정의 결의를 다진
세검정

남아있는 정자 가운데 가장 널리 알려져 있다. 6각의 옛 모습을 그대로 간직하고 있다. 역사의 장소이기도 하다. 명칭 그대로다. 칼을 씻은 자리다. 조선시대 인조반정 사건이다. 광해군의 폐위를 의논했다. 거사의 동지들이 칼을 씻었다. 결의를 다지기 위해.

계곡의 물이 깨끗했다. 예전에는 간장과 한지를 만들었다. 물이 좋아야 만들 수 있는 제품들이다. 조선시대에는 다용도로 사용됐다. 군인의 위락장소로 이용됐다. 시인과 묵객도 즐겨 찾았다. 주변의 풍광이 뛰어났다. 웅장한 산과 계곡이 조화를 이뤘다. 시상이 저절로 떠올랐다. 붓끝이 자연스레 춤을 췄다. 세태를 논하기도 좋았다.

1960~70년대에도 사람이 많이 찾았다. 더위를 달래기 위해. 주변의 산세도 좋다. 북악산과 북한산의 정기를 담고 있다.

세검정

정조의 효심이 담긴
용양봉저정

조선 정조 임금의 효심이 담겨 있다. 지금도 잘 보존되고 있다. 한강대교에서 가다보면 보인다. 잠실 쪽으로 가면 오른 쪽에 자리 잡았다. 정조는 아버지를 그리워했다. 사도세자의 한을 달래려 노력했다. 산소에 자주 들렀다. 가는 길에 발걸음을 잠시 쉬었다. 용양봉저정에서 숨을 골랐다. 정조가 좋아했던 정자였다. 정조의 마음을 달래줄 최적의 장소였다. 흐르는 한강 물을 보며 애달픔을 달랬다. 뒤주 속에 갇혔던 아버지를 떠올렸다. 사도세자는 물 한 모금 못 마시고 죽었다. 목이 말라 고통 속에 떠났다.

한강의 물을 보며 아버지를 생각했다. 눈앞에 펼쳐진 물의 잔치가 원망스러웠다. 눈물을 머금은 채 한강을 바라봤다. 주변의 신하들은 숨을 죽였다. 임금의 애달픈 사부곡에 몸을 조아렸다. 그 순간 정조는 임금이 아니었다. 아버지를 그리는 효심 가득한 평민의 아들이었다. 신하들은 임금의 효심에 보답하고 싶어 용양봉저정을 크게 만들었다. 임금에 대한 충성심이었다. 아버지를 편히 그릴 수 있게 지었다. 용양봉저정은 우리에게 가르친다. 부모에게 효도하라고. 부모는 머물지 않고 한강의 물처럼 흘러간다고.

대원군의 권세에 주인이 바뀐

석파정(石坡亭)

대원군의 권세가 남아있다. 석파정은 조선 철종 때 영의정 김흥근의 소유였다. 원래는 삼계동정사라 불리었다. 지금의 부암동에 있다. 대원군이 반 강제적으로 빼앗았다. 대원군의 호가 석파다. 명칭이 바뀌었다. 석파정이라고.

석파정은 정말 좋은 집이다. 집에는 두 종류가 있다. 살기 좋은 집, 보기 좋은 집. 석파정은 두 가지 요소를 다 갖추고 있다. 그래서 정말 좋은 집이다. 풍경마저 아름다웠다. 물소리, 새소리가 화음을 맞췄다. 사계절의 변화를 한눈에 느낄 수 있었다. 대원군은 석파정을 갖고 싶어 욕심을 냈다. 석파정을 팔라고 했다. 김흥근은 거절했다. 대원군은 난감했다. 고민을 했다. 묘책을 냈다. 아들 고종을 내세웠다. 임금을 하루 재웠다. 김흥근은 신하의 도리를 하려 했다. 임금이 잔 자리를 신하가 소유할 수 없었다. 삼계동정사에 발을 끊었다. 자연스레 대원군의 집이 됐다.

대원군은 왜 석파정을 탐냈을까. 나름대로 상상해 본다. 속뜻이 있지 않았을까. 안동 김씨 세력이 대단했다. 그 세력을 꺾으려 했던 것 아닐까. 대원군의 속셈은 알 수가 없다. 분명한 점은 있다. 대원군이 찬탈했다는 것이다. 다행인 것도 있다. 옛 모습을 간직하고 있다. 조금의 변화만 있을 뿐이다. 세도가의 생활상을 느끼게 해준다. 권불십년의 허무함도 알려준다.

석파정과 고종임금이 묵었던 방

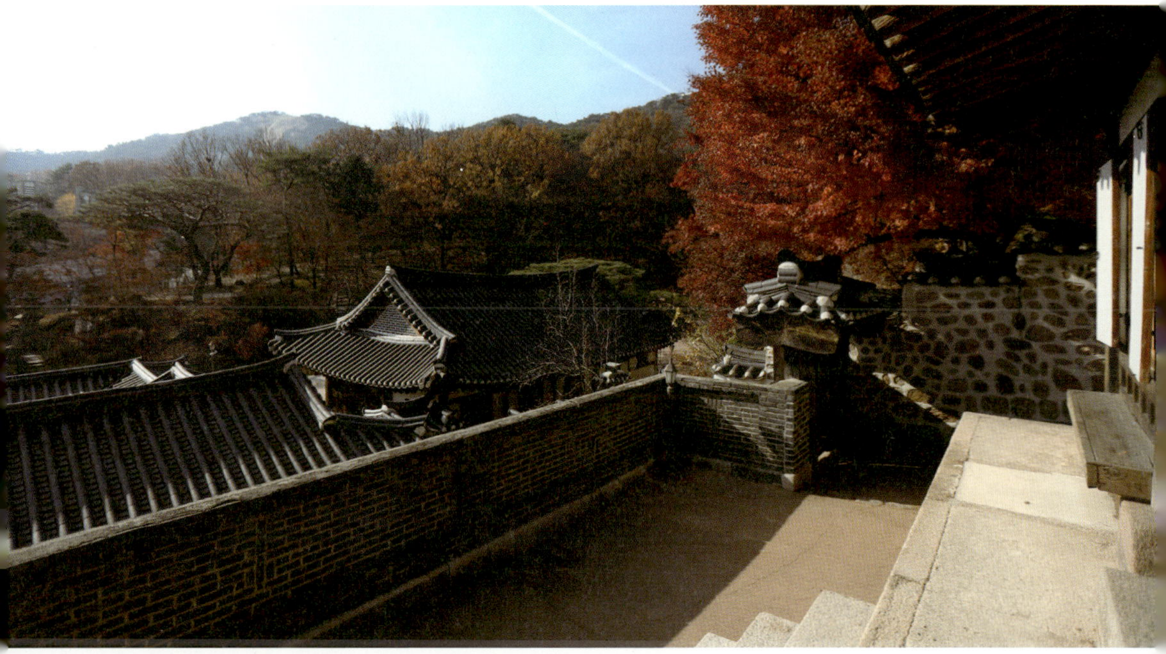

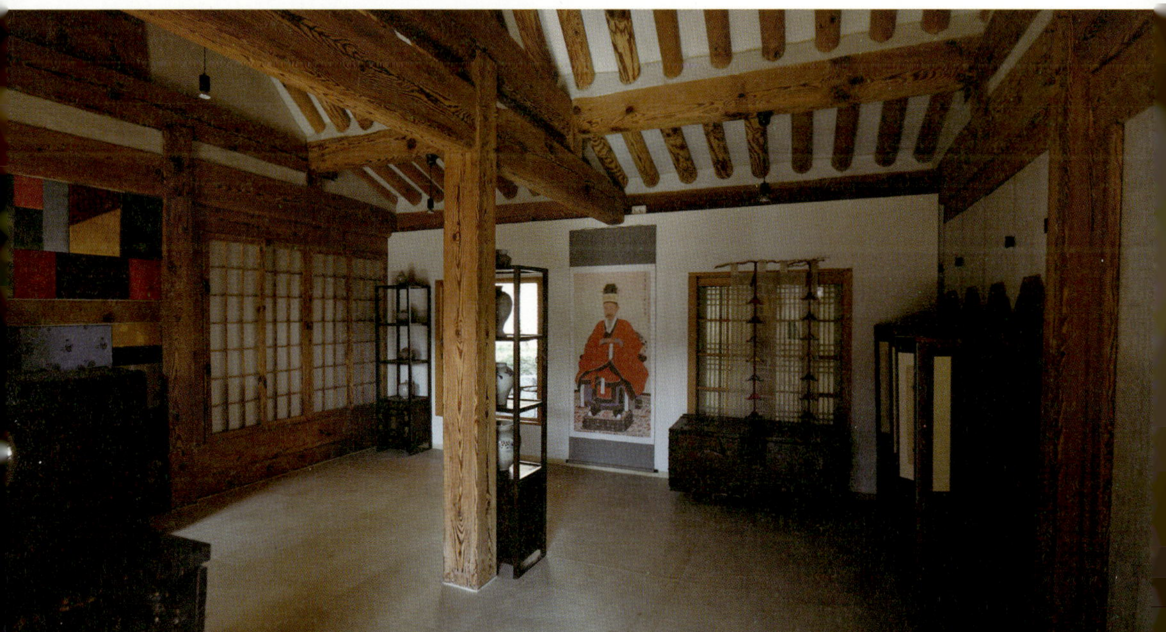

고종이 자주 들렀던
황학정

활을 쏘는 곳이다. 고종이 많이 다녀갔다. 1898년에 지어졌다. 어명으로 만들어 졌다.
한말에는 도성 안에 5곳의 사정이 있었다. 서쪽에 위치해 서촌오사정(西村五射亭)이라고 했다. 모두가 사라졌다. 황학정만 남아있다. 현재도 활터로 사용된다.

조선시대 정자는 대부분 오래 전에 건축됐다. 역사가 깊고 강과 산에 자리 잡았다. 풍류를 즐기기 위해서다. 황학정은 역사가 짧다. 구한말에 건립됐다. 풍류와는 거리가 멀다. 궁술연습을 위한 장소였다. 군의 훈련 장소였다. 쇠락해가는 구한말의 우국충정이 담겨있다. 황학정의 시위소리는 환상이다. 활을 떠난 화살이 허공을 가른다. 궁사의 목표를 향해 거침없이 돌진한다. 거칠 것이 없다. 시위 소리는 산에 부딪힌다. 그 소리가 되돌아온다. 애간장을 녹이는 소리다.

황학정

임금의 아들이 신세를 한탄한
대군(大君)들의 정자

대군은 임금의 자손이다. 권세가 있었다. 재물도 있었고 무엇이나 할 수 있었다. 마음만 먹으면 가능했다. 조건이 있었다. 임금에게 잘해야 됐다. 눈 밖에 벗어나면 안 됐다. 처신을 잘해야 했다. 성은을 받으면 임금이 됐다. 반대 상황도 있었다. 죽임을 당하기도 했다. 귀양도 갔다. 임금인 아버지에게. 형제지간에도 그랬다. 권력을 놓고 싸움을 했다. 피비린내가 났다. 긴장을 놓으면 안 됐다. 승자는 권좌에 올랐다. 패자는 없어져야 했다. 귀양 가는 것은 기본이었다. 목숨을 건지면 다행이었다. 성은이 따라야 했다.

형제의 난으로 왕위에 오른 인물이 있다. 조선조 3대 임금 태종이다. 형제를 무참히 죽였다. 피를 뿌리며 왕위를 찬탈했지만 임금 역할은 잘 했다. 조선조 행정의 기본을 세웠다. 개혁의 기틀을 마련해 백성의 삶을 편하게 해줬다. 인재도 등용했다. 이런 태종에게도 아픔이 있었다. 형제간의 불화였다. 인과응보였을까. 아들 문제로 골치를 썩었다. 부모 마음대로 안되는 것이 있다. 자식 문제다. 태종도 이를 해결하지 못했다. 태종의 아들들은 똑똑했다. 형제간의 임금 양위로 고민도 했다. 최고의 성군 세종도 태종의 아들이다. 세종은 형들을 제치고 임금이 됐다. 왕위를 못 받은 대군은 움츠리고 살아야 했다. 자신들만의 생활을 추구했다. 대군들은 자신의 정자가 있었다. 그 곳에서 세월을 낚았다. 신세를 한탄하며 재기를 꿈꿨다. 대군들의 대표적인 정자가 있다. 영복정, 망원정, 담담정이다.

양녕대군의 아픔이 서린
영복정

영복정은 양녕대군 것이었다. 양화나루 쪽에 있었다. 양녕대군은 비운의 인물이다. 태종의 맏아들이자 세종의 큰형이다. 재주가 뛰어났다. 어려서부터 총명했다. 태종의 총애를 받았다. 문무 대신들도 감탄했다. 총명함이 하늘을 찔렀다. 막힘이 없었다. 시와 서예에도 능했다. 예술적 재능을 타고났다. 어린나이에 왕세자로 책봉됐다. 불과 10살이었다. 엄마 품에 안겨서 어리광을 부릴 나이였다. 왕위는 떼 놓은 당상이었다.

누구도 의심하지 않았다. 임금은 하늘이 내린다 했다. 왕좌의 일보 앞에서 발걸음을 돌렸다. 재주가 많은 것이 탈이었다. 끼를 억누르지 못했다. 자유분방한 성격이 발목을 잡았다. 방탕한 생활로 세월을 보냈다. 주색에 빠져 수많은 여인을 탐했다. 누구도 말릴 수 없었다. 무서운 임금 태종마저도. 끝내 폐세자를 결정했다. 태종은 목 놓아 울었다. 피눈물을 흘렸다. 숨마저 쉴 수 없었다. 수족이 잘려나가는 아픔이었다. 숨겨왔던 부성이 터져 나왔다. 맏아들에 대한 애증이 있었다. 양녕대군은 떠났다. 많은 교훈을 주고 사라졌다. 절제된 삶을 살라고. 나처럼 살지 말라고.

효령대군이 임금의 꿈을 포기한
망원정

망원정은 효령대군 소유였다. 절두산 꼭대기에 있다. 효령대군은 태종의 둘째아들이다. 임금이 될 수도 있었다. 양녕대군이 왕세자에서 폐위됐다. 장남이 물러났다. 당연히 효령대군이 왕위를 받을 줄 알았다. 예상은 빗나갔다. 동생인 충녕대군이 왕좌에 앉았다. 세종대왕이다. 효령대군은 낙담했지만 티를 내지 않았다. 권력의 속성을 알았나 보다. 도전은 죽음이라는 것을.

정자에 올랐다. 망원정이다. 무심히 흐르는 강물과 대화했다. 하늘에게도 물어봤다. 하늘이시여, 진정 이게 하늘의 뜻입니까. 하늘은 대답했다. 그렇다네. 효령대군은 무릎을 꿇었다. 운명으로 받아 들였다. 인생무상을 느꼈다. 인생무상은 허무가 아니다. 변하지 않는 게 없다는 뜻이다. 불교에 심취했다. 마음을 비우고 살았다. 비우니 가득 찼다. 91세까지 천수를 누렸다. 공(空)의 가르침이다.

망원정

형에게 죽임을 당한 안평대군의
담담정

담담정도 아픔이 있다. 안평대군이 지었다. 조선 초에 건축했다. 지금의 마포지역이다. 세조 때 신숙주에게 넘어갔다. 안평대군도 비운의 주인공이다. 세종대왕의 셋째 아들이다. 학문과 예술에 뛰어났다. 형인 수양대군에게 죽임을 당했다. 단종 복위에 연루됐다는 죄목이었다. 수양대군은 조카 단종을 몰아내고 왕권을 찬탈했다. 목숨마저 빼앗았다. 안평대군은 분노했다. 정사를 바로 세우고 싶었다. 형에게 반기를 들었다. 조카를 복위시키려 했다. 뜻을 이루지 못했다. 세조는 무자비 했다. 동생마저 죽였다. 안평대군은 그렇게 생을 마감했다. 형의 정치적 야심에 희생됐다. 36살의 젊은 나이였다.

안평대군은 담담정에서 무엇을 했을까. 임금을 꿈꿨을까. 아닐 듯하다. 붓글씨를 썼을까. 학문을 논했을까. 그랬을 수도 있다. 예술적 재능이 범상치 않았기 때문이다. 안평대군의 서예실력은 칭송을 받았다. 송설체(松雪體)의 대가였다. 중국의 황제가 글씨를 받고 싶어 했다.

대군의 정자는 알려준다. 대군들의 힘이 막강했다고. 풍류만 있던 것은 아니라고. 배반과 아픔도 간직했었다고. 죽임마저도 있었다고.

11
CHAPTER

진짜 서울토박이가 말하는
서울,
그 열한번째 이야기

문화가 정치보다 앞서가던 곳
명동

명동은 서울의 축소판이다? 아니다. 서울이 명동의 확대판이다. 넓게 보면 얘기가 달라진다. 전국이 명동의 확대판이다. 명동에 있던 것이 서울에 있다. 전국에 퍼져있다. 명동은 한국의 중심이다. 한국현대사의 발자취다. 정치, 경제, 문화, 종교, 체육 등 모든 분야가 연관돼 있다. 인간사에 필요한 모든 것이 명동에 있었다. 지금도 마찬가지다. 강남이 없던 시절이 있었다. 강북만 존재했다. 지금의 강남은 버려진 땅이었다. 서울인구가 삼백만이 안 되던 시절이었다. 모든 생활의 중심이 명동이었다. 명동에서 모든 것이 이뤄졌다. 명동은 서울시민에게 어떤 곳일까. 마음의 고향이다. 서울 수복 후 명동은 폐허가 됐다. 돌아온 피난민은 할 말을 잃었다. 정신이 혼미해졌다. 허전함을 달랠 수 없었다. 땅바닥에 주저앉아 통곡했다. 소주에 안타까움을 타서 마셨다. 오징어를 씹으며 울분을 삼켰다. 명동은 그런 곳이다. 서울시민의 정신적 보고다. 마음의 안식처다. 삶의 터전이다.

명동은 명예방(明禮坊)으로 불리었다. 1800년대 조선조 후기였다. 고종 때 방으로 나눴다. 지금의 동(洞)이다. 명동은 한때 청나라 군이 득세했다. 임오군란 때 청나라에 파병을 요청해서다. 당시의 명동은 외세의 각축장이었다. 프랑스, 중국, 일본이 쟁탈전을 벌였다. 문화적 영향도 컸다. 대표적인 것이 명동성당이다. 프랑스가 카톨릭을 전파했다. 명동은 정치와 경제의 일번지였다. 예술의 산실이었다. 대중예술인의 창작 공간이었다. 조용필도 명동에서 실력을 쌓았다. 명동에서 오늘의 한류가 싹텄다. 명동은 아직도 예전의 멋과 맛을 느낄 수 있다. 흘러간 추억을 되살려 준다.

조용필 / 사진제공 : YPC프로덕션

가왕을 탄생시킨
명동과 조용필

조용필은 가왕(歌王)이다. 어떻게 가왕이 됐을까. 피나는 노력의 대가다. 혹한 속에 피어난 꽃이다. 조용필은 질곡의 세월을 보냈다. 1970년대 초였다. 대마초 사건에 연루돼 음악 활동을 접었다. 갈 곳이 없었다. 명동에 둥지를 틀었다. 명동 뒷골목의 작은 바였다. 절치부심하며 밤낮없이 기타 줄을 튕겼다. 다른 악기도 연주했다. 쉼 없이 노래를 불러 피를 토하기도 했다. 목청이 터졌다. 가수의 맛과 멋을 익혔다. 때를 기다리며 부산으로 내려갔다. 곡을 만들었다. '돌아와요 부산항에'였다. 혼신을 다해 불렀다. 모든 열정을 쏟아 부었다. 대성공이었다. 여기저기서 불러댔다. 전국에 광풍이 몰아쳤다. 부산 앞바다의 파도도 잠재웠다. 가왕이 탄생했다. 조용필과 위대한 탄생.

조용필의 성공에 숨은 일화가 있다. 누나와 매형이 미국에 살았다. 식당을 했다. 선지해장국 식당이었다. 미국에서는 소피를 공짜로 줬다. 아무도 거들떠보지 않았다. 매형이 한국에 와서 선지 굳히는 방법을 배워 갔다. 뉴욕에서 문을 열었다. 미국의 유일한 선지식당이었다. 대박이 났다. 돈을 많이 벌었다. 조용필이 누나에게 부탁했다. 전자오르간을 사달라고. 누나는 용필이가 오르간을 사 달라는데 어쩌면 좋겠냐고 남편에게 물었다. 남편은 사주라고 했다. 그 오르간이 조용필의 운명을 바꿨다. 조용필은 오르간을 두드렸다. 정신이 나간 사람처럼. 자신과 한 몸이 됐다. 오르간을 싸들고 부산으로 내려갔다. 위대한 탄생이 시작됐다.

조용필은 끼가 있다. 대학가요제 심사위원을 맡았을 때다. 출연자가 노래를 아주 잘했다. 장원을 주려했다. 조용필이 반대했다. "가수는 노래를 잘해도 소용없다. 끼가 있어야 한다"고 했다. 심사위원들이 동의했다. 조용필의 음악성을 발견할 수 있었다. 조용필은 지금도 말한다. 명동이 제2의 고향이라고. 명동의 뒷골목이 나를 다시 태어나게 했다고.

<명동의 술집>

최불암 어머니가 정을 베푼
은성

유명한 막걸리 집이었다. 탤런트 최불암의 어머니가 운영했다. 정이 흘러 넘쳤다. 믿음의 사회를 볼 수 있었다. 문학인과 연극인이 모였다. 가난한 사람들 모임이었다. 술값은 언제나 외상이었다. 주문하는 대로 주었다. 잔소리도 안 했고 얼굴 붉힘도 없었다.

주인이 세상을 떠났다. 사후에 외상장부가 나왔다. 100여개가 넘었다. 외상값은 허공으로 날아갔다. 외상장부 내용을 아는 사람이 있다. 최불암이다. 절대 공개를 안 한다. 어머니의 추억과 함께 묻고 있다.

은성은 벽에 낙서가 요란했다. 수준 높은 낙서였다. 벽이 곧 원고지였다. 한잔 술에 시상이 떠올랐다. 잊혀질까 두려워 그대로 옮겨졌다. 빛바랜 벽 위에 흔적을 남겼다. 은성은 손님에게 특이한 대접을 했다. 자주 찾는 고객에겐 같은 자리를 제공했다. 손님의 취향을 알고 있었다. 빈센트 반 고흐처럼 대접했다. 고흐는 언제나 같은 자리를 원했었다.

최불암은 은성에서 연기자의 꿈을 키웠다. 중앙고 시절 연극을 시작했다. 은성에 자주 나갔다. 연극계 선배들 시중을 들며 얼굴을 익히려 했다. 어머니가 야단을 쳤다. 교복이라도 벗고 오라고. 어머니의 자식사랑을 느끼게 했다.

화예술인의 사랑방 명동 주점 '은성'

2018년 12월 11일 방영한 SBS '집사부일체'에 출연한 최불암은 방송을 통해 어머니에 대한 그리움을 털어놓았다. 강원도 인제의 박인환 문학관에도 은성주점의 모습이 재현되어 있다.
/ SBS 화면캡쳐

밴드 문화의 출발점
은성회관

고급 술집이었다. 큰 식당이었다. 무대를 설치했고 맥주를 팔았다. 양주도 판매했다. 밴드가 나왔다. 박춘석, 노명석 밴드가 무대에 섰다. 노래도 불렀다. 밴드문화의 출발점이었다. 박춘석은 유명 작곡가다. 수많은 히트곡을 만들었다. 피아노를 잘 쳤다. 피아노에 대한 애정이 대단했다. 무대에서도 피아노를 연주했다. 은성회관에 피아노가 없었다. 집에서 가져왔다. 화물차로 옮겼다. 다른 업소로 옮길 때도 그랬다. 고생이 많았다. 피아노 옮기는데 돈이 많이 들어 운송비가 장난이 아니었다. 주변에서는 말렸다. 피아노 없이 하라고 했다. 고집을 꺾지 않았다. 주관이 확실했다. 장인 정신을 갖고 있었다. 박춘석의 무대는 빛이 났다. 분위기가 달랐다. 손님에게 인기를 끌었다. 많은 사랑을 받았다.

길옥윤 / 위키백과 제공

은성회관의 사회자가 독특했다. 사회자의 인기도 높았다. 훗날 코미디언으로 이름을 날렸다. 곽규석이다. 후라이보이로 알려져 있다. 코미디를 했다. 기존의 코미디와 달랐다. 몸을 움직이지 않고 서서 했다. 말로 웃겼다. 스탠딩 코미디였다. 고급 코미디를 선보였다. 코미디의 새로운 장르를 열었다. 곽규석의 신분이 특이했다. 현역 공군 중사였다. 잡음이 생겼다. 군인이 술집에서 사회를 본다고. 공군본부가 허락했다. 공군의 명예를 높인다고.

이봉조 / 한국학중앙연구원
(ⓒ현미) 제공

대중음악인들의 휴식처
송도

대포집이다. 음악인이 모였다. 대중음악인이다. 길옥윤, 이봉조가 단골이었다. 뛰어난 작곡가들이다. 가수도 발길이 잦았다. 자연스런 현상이었다. 곡을 받기 위해서다. 악단장도 찾았다. 정보가 많았다. 신인가수도 발탁했고 만나는 재미가 있었다. 지나간 추억을 회상했다. 현실의 어려움을 의논했다. 미래의 꿈을 설계했다. 송도에는 가요계의 애환이 간직됐다.

송도는 안주도 다양했다. 동그랑땡, 꼬막, 피조개, 부침개 등이었다. 안주두 서민적이었다. 손님의 사랑을 받은 것이 있다. 된장시래기국이었다. 공짜로 줬다. 정말 맛있었다. 구수했다. 해장에 최고였다. 본안주보다 더 인기가 좋았다. 안주 하나에 된장국만 시키기도 했다. 주인은 싱긋 웃었다. 걱정 말고 계속 시키라고. 정이 있던 시대였다.

은하수라는 술집이 있었다. 막걸리를 팔았다. 송도와 다른 분위기였다. 젊은 음악인이 진을 쳤다. 자유스러운 분위기였다. 선배 눈치를 보지 않고 떠들었다. 자신들만의 세계를 즐겼다.

<명동의 대중식당>

세계적인 음악가 정트리오를 키워낸
고려정

정명화, 정경화, 정명훈. 세계적 음악가들이다. 3남매의 명성은 널리 알려져 있다. 3남매의 성공비결은 무얼까. 어머니의 헌신이 뒤따랐다. 어머니 이름은 이원숙 이었다. 이화여전 문과 출신의 엘리트다. 신여성이었다. 깔끔한 성격이었다. 누구에게도 폐를 안 끼쳤다. 자녀들을 위해 모든 것을 희생했다. 현대판 신사임당이었다. 음식점을 경영했다. 고려정이다. 한식당이었다. 냉면으로 유명했다. 사람들이 줄을 섰다. 문전성시였다. 손님의 계층도 다양했다. 정치, 문화, 예술계 인사도 많이 왔다.

정트리오의 2011년 공연 포스터

호사다마랄까. 잘 나가던 고려정에 액운이 닥쳤다. 못된 고객의 모함이었다. 악질 고객에게 당했다. 어느 날 신문에 고려정 기사가 크게 났다. 냉면에서 지렁이가 나왔다고. 제보한 고객의 자작극이었다. 냉면에 일부러 지렁이를 넣었다. 고객의 발걸음이 뚝 끊겼다. 나중에 진실이 밝혀졌다. 거짓으로 판명됐다. 누명은 벗었지만 방법이 없었다. 한번 떠난 손님은 돌아오지 않았다. 음식업의 특성이다. 문을 닫았다. 자녀를 위해 시작한 장사인데. 유학비를 벌려고 했는데. 가슴이 미어지는 아픔이었다. 고려정 자리에 백화점을 세웠다. 고려백화점이었다. 백화점 사업은 지지부진 했다. 폐업을 했다. 더 큰 결정을 했다. 미국으로 이민을 가기로 했다. 정 씨 3남매는 큰 인물이 됐다. 어머니의 헌신적 사랑 덕에. 고려정은 사라졌다. 어머니의 무한한 사랑을 간직한 채.

문화인들에게 공짜로 식사도 제공했던
미성옥

설렁탕 식당이다. 지금도 영업을 한다. 오래된 집이다. 문화인이 많이 모였다. 문화인들이 모이는 이유가 있었다. 주인의 인심이 좋았다. 문화인을 특별대우 했다. 식사 값을 절반만 받았다. 그마저도 어려운 경우가 있었다. 돈 있는 만큼만 받았다. 어떤 때는 공짜로 줬다. 낭만이 있고 정이 흘러 넘쳤다. 주인이 문화 예술을 사랑했다. 화가도 많이 왔다. 김환기, 이중섭, 천경자 등이 술잔을 기울였다. 이중섭이 특이했다. 술을 마시고 싶을 때 했던 행동이다. 담배 갑에 그림을 그려줬다. 술 한잔과 그림을 바꿨다. 다정다감했던 시절이었다.

생새우 요리를 처음 선보인
동락일식집

희귀한 일식집이었다. 한국에 최초의 요리를 선보였다. 생새우 요리다. 오도리라 많이 부른다. 지금은 흔한 요리다. 1960년대에는 생소했다. 동락일식집이 유일했다. 새우를 날로 먹다니. 사람들이 의아해 했다. 먹어보니 꿀맛이었다. 입 안에서 신선함이 느껴졌다. 입소문을 타고 퍼져나갔다. 생새우를 맛보기 위해 줄을 섰다. 문제가 생겼다. 생새우 구하기가 어려웠다. 수요를 맞추기 힘들었다. 값이 엄청 비쌌다. 가격은 문제가 안 됐다. 먹게만 해달라고 했다. 예약이 필수였다.
명동에는 통닭구이로 유명했던 곳이 있다. 영양센터와 자양센터다. 통닭구이의 라이벌이었다. 전기통닭구이였다. 지금은 보기 힘들다. 1970년대에는 인기를 끌었다. 서민들의 보양식이었다. 통닭의 인기는 예나 지금이나 변함이 없다.

대중문화의 전당
시공관(명동예술극장)

원명은 시공관으로 출발했다. 국립극장으로 바뀌었다. 다시 시공관으로 원명을 되찾았다. 지금은 명동예술극장이다. 연극의 본산이다. 대중예술 발전의 본거지다. 수많은 공연이 시공관에서 이뤄졌다. 1960~70년대에는 악단 위주의 공연이었다. 유명했던 악단들이 있었다. 기발한 아이디어로 공연했다. 당시로서는 파격적이었다.

KPK악단

김해송이 단장이었다. 가수 이난영의 남편이다. 작곡가 겸 가수였다. 매니저 역할도 했다. 이난영의 성공을 뒷바라지 했다. 김 시스터즈, 김 브라더스의 아버지다. 가족 전체가 음악인이다. 자녀에 대한 사랑이 지극했다. 쇼에 대한 감각이 뛰어났다. 버라이어티쇼를 도입했다. 음악만 한 것이 아니었다. 쇼, 코미디를 함께 공연했다.

아이디어가 돋보였던
부기우기 쇼

윤부길·송달협 콤비가 제작했다. 10여명으로 악단을 구성했다. 윤부길은 쇼 흥행의 달인이었다. 가수 윤항기·윤복희의 아버지다. 새로운 것을 많이 시도했다. 가수를 등장시킬 때 상상을 초월했다. 2층에서 노래를 부르며 내려왔다. 2층 객석에서 도르래를 잡아당겼다. 가수는 도르래 줄에 의지하고 내려왔다. 당시로서는 상상이 안 되는 생각이었다. 번뜩이는 아이디어였다. 관객은 환호했다.

윤부길은 윤복희의 재능을 일찍 알아챘다. 5살 때부터 노래를 시켰다. 윤복희는 미군부대에서 먼저 노래했다. 송영란과 함께 듀엣으로. 송영란은 송달협의 딸이다. 2대에 걸쳐 부녀지간의 인연을 이어갔다. 윤복희는 노래를 잘했다. 춤도 잘 췄다. 미군은 열광했다. 아버지의 유전자를 그대로 물려받았다. 윤복희에게는 세 가지 기록이 있다. 미니스커트 최초, 외국곡으로 데뷔도 처음이다. 처음으로 춤추며 노래를 했다.

윤부길은 윤항기의 연예계 진출을 말렸다. 아들은 절대 안 된다는 생각이었다. 윤항기에게 매도 많이 들었다. 윤항기도 많이 맞았다고 실토했다. 아무리 말려도 안 됐다. 아버지에게 받은 끼를 버릴 수 없었다.

미모의 여장부가 이끌었던
박단마쇼

여자다. 가수 겸 쇼 단장이었다. 여자가 무시당하던 시절에 능력을 발휘했다. 예쁜 얼굴의 소유자다. 미모가 뛰어났고 성격도 활달했다. 다재다능했다. 완전 미국 스타일이었다. 노래와 춤을 겸비했다. 미8군 오디션에서 항상 A를 받았다. 시공관에서 데뷔 무대를 가졌다. 인기몰이를 한동안 했다. 꿈을 키워 미국으로 진출했다. 샌프란시코에서 활동했다. 박단마는 미국에서 평범한 삶을 살고 있다.

시공관에서는 가수도 자주 공연했다. 고운봉, 현인, 김정구, 등이 무대에 올랐다. 이수일과 심순애도 자주 공연됐다. 시공관은 서울시민에게 많은 위안을 줬다. 시민만이 아니다. 대중문화 종사자들에게 삶의 터전을 제공했다. 명동이라는 명칭에 걸맞게 밝음을 선사했다.

사연도 많았던

명동의 풍속도

명동은 젊음의 거리다. 예전에도 그랬다. 과거에는 통제가 심했다. 통행금지도 있었다. 자정 이후에는 다니지를 못했다. 일 년에 딱 이틀만 통행금지가 풀렸다. 12월24일과 31일 뿐이었다. 서울시민들이 명동으로 모였다. 명동성당을 거쳐 갔다. 종교에 상관이 없었다. 성당의 종소리를 들으며 한 해를 마무리 했다. 사건 사고도 많았다. 소매치기들이 들끓었다. 피해가 심했다. 젊은이들의 로맨스도 꽃 피었다. 24일과 31일은 사랑이 싹트는 시간이었다. 크리스마스 연말 베이비라는 말이 유행했다. 여관이 대목을 만났다. 방이 모자라 바가지요금도 심했다.

명동은 유행을 창조했다. 헤어스타일을 바꿔 놨다. 오드리 헵번 헤어스타일이 유행했다. 로마의 휴일 여주인공 머리모양이다. 꽁지 빠진 할미새라 불렀다. 여기저기 눈에 띄었다. 헵번이라는 가게가 우후죽순처럼 늘어났다. 다방 옷가게가 많았다. 거리에는 노래가 흘러 나왔다. 1960년대 초중반이다. '노란 샤쓰 사나이', '우리 애인 올드미스', '이별의 부산정거장' 등이었다. 노상방가를 했다. 어깨동무를 하고 불렀다. 트위스트 춤이 유행했다. 명동이 트위스트 춤의 산실이다. 길에서도 추었다. 장발과 미니스커트 단속이 심했다. 1966년 윤복희가 귀국하면서 미니스커트 열풍이 몰아쳤다. 기성세대는 아연실색했다. 정부는 대대적 단속에 들어갔다. 명동에서 젊은 남녀가 많이 잡혔다. 경찰은 총 대신 가위와 대나무자를 갖고 다녔다. 치마가 무릎에서 10Cm 위로 올라가면 단속대상이었다. 벌금을 매겼다. 단속 장면이 TV로 방영됐다. 머리가 길면 가위로 잘라냈다. 대중문화 예술인이 많이 잡혔다. 가수 중에는 송창식이 많이 걸렸다. 하루에 몇 번씩 잡힌 적도 있다. 단속된 사람을 찍어 전시하기도 했다. 초상권 침해였다. 지금은 상상이 안 된다. 파출소는 쉴 틈이 없었다. 잡혀온 젊은이로 가득 찼다. 전국에서 가장 바쁜 명동파출소였다.

앙드레 김이 수련했던
명동의 의상

명동은 패션의 산실이다. 의상의 유행을 창조했다. 의상업계에 양대 산맥이 있었다. 최경자 국제복장학원과 노라노 복장학원이었다. 최경자는 한국 패션의 개척자다. 인품이 훌륭했다. 아랫사람에게 언제나 존댓말을 썼다. 상업적으로 장사를 안 했다. 최경자 싸롱을 운영했다. 지금의 살롱과 뜻이 다르다. 술을 파는 곳이 아니다. 미용실도 싸롱이라 부르던 시절이다. 충무로와 명동 사이에 있었다. 앙드레 김을 직원으로 채용했다. 최경자 국제복장학원의 1기생이다. 앙드레 김의 공로는 인정받아야 한다. 한국 패션을 세계 수준으로 올려놨다. 한국 의상 1호 수출기록을 갖고 있다. 1960년 대였다. 한국이 가난에 찌들던 시절이었다. 미국에서 옷을 주문받았다. 100벌을 생산했다. 주문자가 깜짝 놀랐다. 예상 밖의 수준이었다. 코리아에 이런 사람이 있냐고 감탄했다.

앙드레 김의 명성이 알려지기 시작했다. 앙드레 김은 한국 외교력 강화에도 공헌했다. 주한 대사 부인들에게 옷을 무료로 제공했다. 대사 부인들이 파티에 꼭 그 옷을 입고 나갔다. 한국을 떠난 뒤에도 입고 다녔다. 다음 근무지에서도 앙드레 김의 옷을 자랑했다. 한국을 널리 알렸다. 최경자 사단의 공로다. 앙드레 김은 떠났다. 떠난 자리가 크다. 패션계의 큰 별을 잃었다. 외교적 손실도 크다. 민간외교의 큰 몫을 하고 영면했다.

노라노 복장학원도 큰일을 했다. 자신만의 길을 개척했다. 최경자는 주문생산을 했다. 노라노는 기성복을 만들었다. 편한 복장으로 삶을 편하게 했다. 대중성이 있었고 가격도 저렴했다. 찾는 사람이 많았다. 전국 의류 소매상이 명동에 모였다. 지금의 동대문과 비슷했다. 학원생의 취업에도 도움을 줬다. 돈도 많이 벌었다. 수익성이 좋았다. 최경자에 비해서.

자부심이 있었던
명동의 걸인

6·25 전쟁 후 전국에 걸인이 많았다. 거지라고 했다. 명동도 예외는 아니었다. 다방마다 걸인이 나타났다. 다방 하나에 100여 명의 걸인이 들락거렸다. 골칫거리였다. 주인이 돈을 많이 착취당했다. 주인들이 나중에는 돈을 안 줬다. 걸인은 손님에게 구걸을 했다. 영업에 방해를 했다. 손님이 끊어질 지경이었다. 주인들이 묘책을 내놨다. 걸인의 왕초를 불렀다. 타협을 했다. 일정 금액을 주고 출입을 금지시켰다. 걸인의 조직은 힘이 대단했다. 잘못 건드리면 장사를 접어야 했다. 걸인의 지역싸움도 치열했다. 다른 지역 걸인은 명동에 못 들어왔다. 명동의 걸인은 자부심이 대단했다.

MBC 드라마 '왕초' 화면캡쳐

쇼핑문화의 변혁을 주도한

백화점

일제 강점기에 도입됐다. 미스코시 백화점이 문을 열었다. 현재의 신세계백화점 자리다. 신세계백화점 본관 건물은 문화재다. 근대문화재 건물로 보존되고 있다. 건물의 가치가 높다. 건물 밖은 손을 못 댄다. 내부만 수리해서 사용한다. 한국 최초로 엘리베이터를 운행했다. 신선한 충격이었다. 사람들이 몰려들었다. 발 디딜 틈이 없었다. 헤아릴 수가 없었다. 물건 구입은 뒷전이었다. 진열된 물건을 구경만 했다. 엘리베이터를 타기 위해 왔다. 수동식 회전문도 신기했다. 서로 들어가려 했다. 안전사고도 많았다. 안전요원을 별도로 배치했다. 백화점은 고민에 빠졌다. 매출이 안 올랐다. 해결책을 찾았다. 식당을 개업했다. 고육지책이었다. 큰 효과는 없었다. 쇼핑의 시초라 할 수 있다.

미스코시백화점은 해방 후 주인이 바뀌었다. 동화백화점으로 개명했다. 동화백화점에 최초의 민영방송국이 들어섰다. 5층에 소규모 공연장이 있었다. 그 자리에서 동양방송이 개국했다. 한국 경제가 발전하던 시기였다. 동화백화점이 경영부실을 겪었다. 삼성그룹이 인수했다. 오늘의 신세계 백화점이다.

조지아백화점도 있었다. 일제강점기에 들어왔다. 해방 후 미도파백화점으로 바뀌었다. 대농그룹의 박용학 씨가 인수했다. 명동입구에 자리 잡았다. 고객이 많았다. 시민의 사랑을 많이 받았다. IMF 파도를 넘지 못하고 문을 닫았다. 대농그룹도 해체됐다.

화신백화점도 추억의 장소다. 순수 한국자본이었다. 미스코시 백화점의 단점을 보완했다. 엘리베이터를 증설했다. 유명세를 탔다. 종로의 명소였다. 만남의 장소였다. 젊은이들이 모였다. 부근에 술집이 늘어났다. 음식점도 많이 생겼다. 1970년대 까지 성

1930년대 화신백화점
/한국학중앙연구원 제공

행했다. 화신백화점 때문에 유명해진 식당이 있다. 이문설렁탕이다. 화신백화점 뒤에 있었다. 화신백화점은 시골사람들의 관광코스였다. 시골사람들은 계를 들었다, 서울 구경을 하기 위해. 코스가 있었다. 최우선이 숭례문이었다. 경복궁이 뒤를 이었다. 다음이 화신백화점이었다. 신신백화점도 있었다. 화신백화점 건너편이었다. 지금의 스탠다드차타드은행 본점 자리다. 화신백화점과 함께 사라졌다.

EPILOGUE

진짜 서울토박이가 말하는
서울,

이야기를 끝맺으며

지나간 서울의 시간을 기억하며

전 세계에는 아름답고 정다운 도시들이 많다.
뉴욕이 그렇고 파리, 런던, 동경, 베를린 등이 그렇다. 이들 도시는 1천만이 되는 많은 사람들이 살고 있다. 또한 뉴욕을 제외하고 모두 그 나라의 수도다.

서울은 어떤가? 참 유쾌하고 이야깃거리가 많은 도시다.
인구 1천만이 살고 있는 도시에 이토록 멋있는 산들에 둘러 쌓여있는 곳이 있을까. 없다. 오직 서울뿐이다. 5대산 이외에도 수십개의 크고 작은 산들이 빙 둘러서서 서울을 지키고 있다.

우리의 한강처럼 넓고 맑은 물이 흘러가는 도시가 어느 나라에 있을까. 없다. 서울뿐이다. 한강. 서울의 젖줄이고 힘의 상징이다. 또한 230개쯤 되는 크고 작은 고갯길이 있는 대도시가 어느 나라에 있을까. 없다. 서울뿐이다. 그리고 그 고개마다 재미있는 사연들을 가지고 있다.

뉴욕의 브로드웨이에 2천개의 크고 작은 소극장이 있다는 것은 알면서 서울의 대학로에 수백 개의 소극장이 있다는 것을 아는 사람은 얼마나 될까.

파리의 세느강 위에 있는 다리이름은 줄줄 외우면서도 서울의 청계천에 있는 다리가 몇 개인지 잘 모른다. 한강의 다리 이름은 알고 있지만 그 강변에 있던 나루터가 몇 개 인지 아는 사람은 있을까. 그리고 한강변에 즐비했던 정자를 아는 사람은 몇이나 될런지.

런던의 피카딜리 서커스에 있는 레스토랑을 좋아하고 파리의 몽마르뜨를 얘기하면서도 명동의 낭만을 아는 이는 몇이나 될는지.

동경 뒷골목에 즐비한 음식점들을 기억하면서 서울의 설렁탕집, 추탕집, 불고기집들의 정감어린 추억을 얼마나 간직하고 있는지.

내가 살고 있는 서울을 겉모습만 보고 그냥 넘기기엔 매우 안타깝다. 속살까지 감흥을 느끼는 것이 옳지 않겠나.

1909년에 태어나 궁중무용을 배운 김천흥 선생. 그는 2007년까지 99년을 서울에서 살았고 어릴 적 순종황제 50세 생신축하공연 때 임금님 앞에서 춤을 춘 분이다. 그 분으로부터 들은 서울이야기들과 많은 기록들을 참고해서 이 글을 쓴다. 쓰느라고 나름대로 노력을 했다.

그래서 나는 이렇게 말하고 싶다.
"늬들이 서울을 알아?"

전홍택

다시금 되새기는 서울의 멋

　　대한민국은 어떤 나라인가.
세계인들은 말한다. 한강의 기적을 이룬 나라라고. 한강은 어디에 있는가. 서울을 가로질러 흘러간다. 동에서 서로 494.44Km의 긴 물줄기를 자랑하며 유유히 흐르고 있다. 용이 승천하듯 웅장한 자태를 뽐내고 있다.

　　파리의 세느강을 아름답다고 한다. 직접 보면 어떠한가. 한강과 비교해 보라. 같은 강이 아니지 않는가. 한강의 웅장함과 비교할 수 있겠는가. 유람선을 타고 주변을 둘러보라. 세느강에는 멋진 유럽풍 건물이 자리 잡고 있다.

　　한강은 어떠한가. 아름다운 산들이 병풍처럼 둘러싸고 있다. 북한산, 남산, 관악산 등이 어머니 품처럼 안아주고 있다. 한 폭의 산수화 같다. 서울은 산과 강이 어우러져 있다. 세계 어디에서도 볼 수 없는 아름다움을 간직하고 있다.

　　600여 년 전 태조 이성계의 한양천도는 신의 한수였다. 사람들은 말한다. 서울은 축복받은 도시라고. 서울은 자연환경만 아름다운 것이 아니다. 문화와 낭만이 살아있다. 600년 전의 생활상이 그대로 남아있다. 시와 춤과 음식이 전해져 오고 있다. 선조들의 지혜를 배울 수 있다. 온고지신(溫故知新)의 가르침을 따를 수 있다. 지혜로운 선조들의 유산을 후손들이 잘 이어받았다. 지금의 서울은 과거와 현재가 어우러져 있다.

서울의 위대함은 또 다른 데 있다. 서울은 쓰라린 아픔을 극복한 불굴의 정신이 숨 쉬고 있다. 병자호란, 임진왜란, 일제의 36년 식민지, 6·25 전쟁으로 산하가 짓밟혔다. 모든 것이 폐허가 됐다. 그때마다 서울은 오뚝이처럼 일어났다. 끊임없는 도전으로 어려움을 극복했다.

이제 서울은 세계 10대 도시 안에 자리 잡고 있다. 세계경제의 한 축을 이루고 있다. K-Pop의 한류 열풍 중심지이다. 세계의 젊은이들이 모여들고 있다. 서울의 멋에 빠져들고 있다. 활기찬 발걸음으로 서울의 거리를 휘 젖고 다닌다.

이처럼 자랑스러운 서울의 멋을 우리는 잊고 살았다. 이제라도 늦지 않았다. 무한한 자부심으로 서울을 사랑하면 된다. 서울을 사랑하는 만큼 행복을 느낄 것이다.

김병윤

진짜 서울토박이가 말하는
살아있는 서울 이야기

늬들이 서울을 알아?

2020년 7월 7일 1판 1쇄 찍음
2020년 7월 7일 1판 1쇄 펴냄

저 자	정홍택·김병윤
발행인	이성기
기 획	임종호
감 수	김인환
디자인	김혜진
사 진	오현석·김병윤
펴낸곳	넥스트뉴스
주 소	서울 용산구 한강대로40길 13, 성지빌딩 3층
전 화	02-3452-2888
팩 스	02-3453-8881
ISBN	979-11-970753-0-8 [03910]

ⓒ Nextnews, 2020

본 콘텐츠의 저작권은 넥스트뉴스 또는 제공처에 있으며 이를 무단 이용하는 경우 저작권법 등에 따라 법적책임을 질 수 있습니다.

이 책에는 서울서체와 산돌서체가 사용되었습니다.